주님은 살아계신다

도서 출판 **밀알서원**

밀알서원(Wheats Berry Books)은 **CLC**가 공동으로 운영하는 복음주의 출판사로서 신앙생활과 기독교문화를 위한 설교, 시, 수필, 간증, 선교, 경건 서적 등을 출판하고 있습니다.

장영주 지음

주님은 살아계신다

도서
출판 밀알서원

The Lord is alive

Written by Young-Ju Jang
All rights reserved.
Korean Edition Copyright ⓒ 2023 by Wheat Berry Books, Seoul, Korea.

주님은 살아계신다

2023년 10월 20일 초판 발행

지 은 이 | 장영주

펴 낸 곳 | 도서출판 밀알서원
등   록 | 제21-44호(1988. 8. 12.)
주   소 | 서울특별시 동대문구 천호대로71길 39
전   화 | 02-586-8761~3(본사) 031-942-8761(영업부)
팩   스 | 02-523-0131(본사) 031-942-8763(영업부)
이 메 일 | clckor@gmail.com
홈페이지 | www.clcbook.com
송금계좌 | 기업은행 073-085404-01-017 예금주: 밀알서원
일련번호 | 2023-99

ISBN 978-89-7135-151-2 (03230)

이 책의 출판권은 도서출판 밀알서원이 소유합니다.
신저작권법에 의하여 한국 내에서 보호를 받는 저작물이므로 무단 전재와 무단 복제를 금합니다.

저자 서문

장영주
중보기도자 · 평신도사역자 · 서양화가

2008년부터 여러 영적인 분에게 책을 써야 한다는 말씀을 전해 받았습니다. 그러나 목사도 신학을 공부한 사람도 아닌 평신도인 제가 하나님 나라 책을 쓰는 것은 예의가 아닌 것 같았습니다. 그림을 그리는 것도 시간이 많이 필요한 일이라 글까지는 쓸 수 없다는 생각도 있었습니다. 그때 주님께서 환상을 보여 주셨습니다.

기도 노트 박스만 들고 어디론가 이사 가는 것 같은 모습이었는데 똑같은 환상을 이준규 목사님 유튜브 방송을 통해 또 확증으로 전해 받았습니다. 결국 화실에서 멀리 있는 곳으로 와서 글을 쓰게 되었습니다.

하나님 나라를 증거하는 책은 정말 조심스럽습니다. 칩거하면서 말씀, 예배, 기도를 드리고 기도 노트를 보며 글을 썼습니다. 글 쓰는 것을 방해하는 무서운 조직도 있어서 여러 상황이 쉽지 않았습니다.

지금 마지막 시기에 주님께서는 더욱 성령세례를 폭포수처럼 부어 주시고 많은 자녀에게 영적인 눈을 열어 주실 것입니다. 영적인 체험을 많이 한 저에게 책을 쓰게 하셔서 하나님의 자녀들이 영적인 체험, 성령세례를 받을 때 놀라지 않고 빨리 영적으로 성숙하게 하실 것입니다.

책 원고를 수정하고 난 뒤 주님께서 강렬한 불을 부어 주셨습니다.

주님!

뒤늦게 순종해서 정말 죄송합니다.

주님께서 말씀하신 대로 이 책을 읽는 모든 자의 영혼을 한 사람도 빠짐없이 구원하여 주실 것을 믿습니다.

이 책을 읽는 모든 이가 주님의 사랑을 받게 될 것입니다.

주님! 감사드립니다.

주님께서 출판사 한 곳을 정해 두었다 하셨는데 밀알서원출판사의 사무실에 도착하니 온 몸이 마구 진동하였고 서 있기도 힘든 강렬한 주님의 임재가 있어서 놀랐습니다.

또 출판사 건물 1층, 언약교회 기도제단에 들어서니 온 몸이 마구 통통 뛰어 더욱 놀랐습니다.

주님의 강렬한 임재가 있는 언약교회, 밀알서원이었습니다.

차례

저자 서문　　　　　　　　　　　　　005

제1부　주님의 편지　　　　　　　　009

제2부　기도자의 권면의 글　　　　　021

제3부　중보기도　　　　　　　　　　047

제4부　영적인 세계　　　　　　　　089

제5부　치유　　　　　　　　　　　　134

제6부　자상하신 주님　　　　　　　154

제7부　교회에 대하여　　　　　　　174

제8부　문화 예술을 통하여　　　　204

제1부

주님의 편지

장영주 作 | 빛의 영광 | 130×162cm

1. 주님의 편지 : 신선한 기름 부음을 받아야 한다

너희는 계속 신선한 기름 부음을 받아야 한단다.
기름 부음을 한 번 받으면 되었다고 생각하는 자들이 있구나!
목회자들이 처음 기름 부음을 받고
그대로 있다면 그 기름 부음은 썩고 말 것이다.
계속 새로운 기름 부음을 받아야 한다.
내 앞에 늘 있으면 지속해서 기름 부음을 부어 줄 것이다.
난 하나님이다.
지금은 마지막 때이므로 더욱 성령 사역이 일어날 것이다.
더 구하라!
내가 부어 주리니!

(영주) 아침에 일어나면 두 팔을 하늘로 올리고 기도드린다.
"하나님! 오늘의 기름 부음을 부어 주세요."
손에 전류가 흐르고 손을 비누로 씻어도 기름기가 느껴졌다.

2. 나의 사랑하는 자녀들아!

나는 나의 많은 자녀가 중간에 실족하거나 나를 떠나는 것을 본단다.
너희들은 내가 아무 감정이 없을 거라 생각도 하지만 나도 감정이 있단다.
기쁘고, 슬프고, 가슴 아프고, 눈물도 흘린단다.
중보기도자들은 내가 우는 것을 본 자도 있단다.

장영주 作 | 심장 | 혼합재료: 진주 | 73×67cm

"드릴 것이 별로 없어서 가지고 있던 진주 목걸이를 해체해 작품을 제작, 이 작품에서 관람하는 사람들이 가장 많이 눈물을 흘렸다."

많은 기적을 나의 백성 눈앞에서 보여 주었지만 얼마 못 가서 금송아지를 만들어 그 생명 없는 금송아지에 절을 할 때 나의 마음은 찢어질 것 같은 고통과 절망 속에 빠진다.

사랑했고 진심으로 돌보아 주었던 사람이 배반할 때 너희도 고통스러워하지 않니?

사랑 그 자체인 내가 … .

너희가 나를 배반하고 돌아섰을 때 나의 고통은 너희가 상상하지 못할 수준이란다.

제발 부탁이다.

나의 사랑하는 자녀들아!

나의 곁을 떠나지 말아라!

모두가 나의 천국에 올라오기를 내가 얼마나 간절히 바라는지 나의 마음이 전해졌으면 좋겠구나.

3. 난 너와의 언약을 잊어버리지 않고 있단다

아니다.

난 너를 잊어버리지 않았단다.

난 너와의 언약도 잊지 않고 있단다.

난 사람이 아니다.

약속, 언약을 잊어버리지 않는단다.

다만 사람들이 생각하는 시간과 내가 생각하는 시간과는 차이가 좀 있단다.

나를 믿고 신뢰하여라.

내가 정한 시간에 모두 풀어질 것이다.

믿음의 자리를 굳건히 지키어라.
나의 사랑에는 변함이 없단다.

4. 너희가 생각하는 대로 말하는 대로 풀어지게 설정해 놓았단다

나 야웨는 너희가 생각하는 대로 말하는 대로 삶이 풀어지도록 설정해 놓았단다. 그래서 성경에 너희는 생각을 조심하여라. 말을 조심하여라.
수없이 상기시켜 놓았단다.

지금부터라도 네가 살고 싶은 삶을 생각하라!
지금부터라도 너의 자녀가 되고 싶은 사람을 생각하고 말하라!
자녀의 손을 잡고 말하여라!
태중에 있는 아이에게도 좋은 말을 하여라!
이 글을 읽는 나의 자녀들아!
나의 중요한 팁을 이해하였거든 실행하여라!

5. 우리나라를 위한 중보기도자에게

우리나라를 위한 중보기도자에게 주시는 말씀

[역대하 7:14]
내 이름으로 일컫는 내 백성이 그들의 악한 길에서 떠나 스스로 낮추고 기도하며 내 얼굴을 찾으면 내가 하늘에서 듣고 그들의 죄를 사하고 그들의 땅을 고치리라.

6. 여호와의 치유에 대해 알려 주고 싶구나!

너희가 성경책을 읽으면서 나의 치유에 대해 많이 읽었으리라 생각된다.

그때는 하나님의 치유가 있었지만, 21세기인 지금은 하나님의 치유가 없으리라고 판단하지 마라!

오히려, 예전보다 더 치유의 기름 부음을 부어 주고 있다. 설마 나도 하나님의 치유 혜택을 받을 수 있을까 생각하겠지만 나의 치유에는 가장 중요한 것이 믿음이란다. 지금도 하나님의 치유가 일어나고 나를 치유해 주신다는 믿음이 중요하단다.

치유 전에 먼저 너의 죄가 생각나거든 회개기도부터 해라. 형식적인 기도가 아닌 너의 진정한 마음에서 우러나오는 회개기도를 해라. 너는 회개기도 후에 치유가 급속도로 이루어지는 것을 보게 될 것이다.

어떤 병은 즉각 치유되고 어떤 질병은 시간을 가지고 서서히 치유되기도 한다. 치유가 진행되는 중간에 절대로 의심하지 말아라. 의심하면 치유가 멈춘단다. 치유가 일어난 다음에 간증해다오. 너의 간증은 또 다른 이의 치유를 일어나게 하는 기름 부음이 주어 진단다. 그리고 나에게 감사기도도 해 다오.

수많은 자녀를 치유해 주었는데 감사기도하는 자녀들은 의외로 적은 수였다.

내가 너희를 창조하지 않았니?

나는 너희가 살아가면서 새로운 장기(臟器)가 필요할 것을 알아 천국 창고에 너희가 필요한 모든 장기를 준비해 놓았고 그 장기 하나하나에는 치유가 이루어지는 날짜, 이름까지 써 놓았단다.

너희가 그 땅에서 치유 집회를 할 때 수많은 치유 천사가 그 땅으로 내려가 치유를 돕고 있단다. 영의 눈이 열린 자들은 나의 치유 천사들을 보앉을 것이다. 또 내가 나의 자녀들에게 치유 은사도 주었다. 내가 치유 은사를 거저 주었으니 너희 치유 은사 받은 자들은 거저 치유해 주어라.

7. 주님의 슬픔

며칠째 가슴이 먹먹하고 슬픔이 전해 온다.
왜 그러지?
무엇 때문일까?
그것은 주님의 마음이었다.
중보기도자들에게는 주님의 심장이 심겨져 있는데 "하나님으로서 그 땅까지 내려가서 하나님 나라를 증거하고 인간들에게 핍박당하고 목숨까지 내놓았지만, 천국에 오는 나의 자녀는 아주 소수이다."라고 하신다.

너무 슬퍼하시며 시간이 얼마 안 남았는데 나의 자녀들이 세상의 일만 관심을 가지고 하나님 나라의 소중한 진주를 얻으려 마음을 쏟지 않는다.
목사들도 계산기를 두드리며 설교하고 있구나!
지옥이 존재하는데 곧 휴거의 때가 다가오는데 환란에 남겨지면 너무 고통스러운데 양들에게 현실을 설교하지 않는구나!
주님께서는 이 마지막 시기에 그동안 훈련하신 평신도와 일터 사역자들에게도 하나님 일을 맡기시길 원하신다.
사람들은 하나님 나라에 관심이 없고 교회에 다녔던 자들도 실망하여 교회를 떠나고 코로나 바이러스로 교회 예배도 모이지 않는구나!'

나의 사랑하는 자녀들아!
나의 말을 들어라. 너희들이 그 땅에서 살 때 죄를 지으면 안 된단다.

하나님 나라의 규례를 지켜야 나의 천국에 올 수 있단다.
죄를 지으면 그때 그때 곧 바로 회개기도를 하여라!

하나님 나라 천국에 들어올 수 있는 점수에 합격해야 한단다.
어떤 자는 평생 교회를 다녔지만, 종교의 영에 이끌려 다닌다.
그러면 천국에 오기 어렵다.
다른 사람이 분명 잘못했어도 너는 용서해야 한단다.
용서하지 못해서 천국에 오지 못하는 나의 자녀들이 많단다.

너희가 너의 죄를 인지하지 못하면 성령님께 알려 달라고 해라.
그러면 사랑의 성령님께서 너의 죄를 깨우쳐 주실 것이다.
이후 진정성 있게 회개기도를 해야 한다.

난 너희를 구하러 나의 목숨 피 값을 지급했다.
난 너희가 모두 천국에 오기를 간절히 간절히 바라고 있다.
마귀들은 너를 어떻게 공략하여야 지옥으로 끌고 갈 수 있는 줄 알고 있다.
마귀에게 넘어가지 마라.
너의 약점을 내적 치유해야 한다.
스스로 치유하기 어려우면 성령님께 내어 드려라.
성령님 제 열등감을 치유하여 주세요, 제 문제점을 치유하여 주세요라고 하면 성령님께서 치유하여 주실 것이다.

아직도 하나님이 존재하는지 모르는 자도 있구나!
지금은 마지막 때 이어서 나는 그동안 훈련한 자녀들에게 내가 이 땅에 있었을 때 행했던 표적, 기적, 이사를 나타낼 수 있도록 큰 권능을 부어 줄 것이다.
그때에는 그들도 하나님을 만나게 될 것이다.

나의 사랑하는 자녀들아!
모두 천국에 올 수 있기를 바란다.
사랑한다. 나의 자녀들아!

8. 주님의 편지!

(한동안 중보기도하고 금식기도까지 하라 하신 k 목사에게 전하는 주님의 편지 ○○○교회 세미나에 참석하고 있을 당시 주님께서 계속 말씀을 주셔서 받아 씀)

나의 사랑하는 자에게!
그렇단다.
바로 네가 간절히 추구하였고 만나 보고 싶어 했던 존재란다.
너는 나를 못 보았다고 생각하겠지만 나는 너를 늘 바라 보고 있었단다.
너는 허공에 대고 혼자 중얼거릴 뿐이라고 생각했지만 난 너의 기도를 계속 듣고 있었고 늘 너를 도와주려고 했단다.
생각해 보렴.
네가 어린 시절 내가 도와주기를 간절히 바라며 했던 기도가 나의 마음에 들어왔단다.
너의 소신 있는 태도와 청결함이 나를 끌어당겼다고 볼 수 있다.
나는 네 안에 들어가 함께 걷기 시작했단다.
물론 네가 힘들어 할 때 늘 나는 그 문제를 해결해 주기 위해 애썼단다.

인간의 시간과 나의 시간에는 차이가 있단다.

난 네가 조금 기다려 주기를 바랐는데 기다림에 지쳐 네가 선 밖으로 나갔을 때 난 너무 마음이 아팠단다.

나의 동역자에게 너에 대한 기도를 부탁했고 그들은 묵묵히 너에 대한 중보기도를 했단다.

이후 너의 사역이 풀어 지고 일이 성취되어 나갈 때 너의 마음에 교만이 싹트기 시작했지!

나는 나의 동역자에게 몇 가지 말을 전하라고 하였다.

네가 조금만 세심했다면 내가 전하는 말인 것을 알 수 있었을 텐데 그냥 스쳐 지나가는구나!

네가 젊었을 때 너에게 중요한 일을 맡겼는데 너는 그 일이 그렇게 중요한 일인 줄 알지 못하는 것 같아 안타까웠단다.

너에게 준 사역이 지금의 세상의 혼돈을 잡아 줄 수 있는 큰 사역이었음을 이제는 깨달았을 것이다.

나는 너에게 초자연적인 계시를 많이 전하려 했지만 너는 초자연적인 계시에 대해 부정적인 견해를 가지고 있어 전달할 수가 없었단다.

나는 이제 너에게 다시 일할 기회를 주고 싶구나.

그동안 너는 나에 대해 좀 깊이 알게 되었으리라 생각된다.

나는 너의 계획표를 다시 짜 주고 싶구나!

다시 일어나 한번 새롭게 뛰어 보지 않겠니?

또 나는 너에게 군림하는 자가 아니라 너와 친구가 되고 싶구나!

너의 의견도 들으며 그 일을 다시 추진하고 싶구나!

이 일에 불이 지펴질 때 네가 있는 땅에 평화와 빛이 비칠 것이란다.

나는 네 심장에 다시 기름을 넣어 준다.

내가 아무리 기름 부어도 죄가 쌓이면 부흥할 수 없는 것을 명심하여라 다시 네게 주어진 일이 성공적으로 되었다고 느껴질 때도 겸손히 무릎 꿇고 있어서 너도 부서지지 않고 나도 슬프지 않았으면 좋겠구나!

[K 목사는 이 편지를 받아 적은 그 교회에서 초청받아 다시 하나님의 사역을 시작하는 것을 보았다. 주님께서 지극히 관심을 가지시고 기대하는 목사님]

제 2 부

기도자의 권면의 글

장영주 作 | 당신은 하나님 자녀입니까? 마귀의 자녀입니까? | 73×91cm

1. 하나님의 크나큰 은혜- 회개

우리가 이 땅에 살아 있을 때 가장 중요하게 챙겨야 할 것은 무엇일까요?

좀 더 마음의 여유를 가지고 찬찬히 살펴보면, 우리가 꼭 알아야 하고 챙겨야 할 것은 우리 인간이 사는 지금 이 시대가 어떤 시대인가, 또 우리의 삶이 이 땅에서만 끝나는 삶인가 하는 문제에 관심을 가져야 합니다.

인간에게는 영, 육, 혼이 있지요!

죽으면 육체는 흙이 되겠지만 영혼이 있는데 그 영혼은 어디로 갈까요?

그 영혼은 바로 이 땅에서 살아가면서 죄를 지은 자는 지옥으로 하나님의 규율을 지킨 자는 천국에 가게 됩니다. 그러나 많은 믿는 자, 신앙인, 목사까지도 좀 더 깊이 알아야 하는 부분이 있습니다. 그저 교회 다니고 사람들 보기에 그럴싸하게 연출된 신앙을 가지고 목회했으니 하나님의 천국에 입성할 수 있다는 위험한 착각에 빠질 수 있습니다.

우리는 정확히 하나님의 천국 입성 점수, 휴거 합격 점수 수준을 알아야 합니다.

하나님께서 "내가 거룩하니 너희도 거룩하라!" 하셨지요.

예수님께서는 겸손, 온유, 오래 참음, 말을 조심하는 것, 성화의 수준에까지 이르라 하셨지요.

어떻게 인간이 그렇게 살 수 있나?

가볍게 그냥 넘어갈 수 있으리라 생각하지 마십시오.

영적 경험이 많은 사람은 하나님은 빈틈없고 정확하시다는 것에 대해 소스라치게 놀랍니다.

할 수 없이 제 경우를 말씀드려야 하겠군요.

저는 별로 회개할 것이 없다고 생각했지요.

반듯했고 아닌 것은 근처에 가지도 않았고 타협도 하지 않았고 시간을 낭비하지도 않고 살았기에 나는 별로 하고. 어이없게 교만했지요.

그렇게 생각하고 있을 때 성령님께서 (절기) 대속죄일에 초등학생 때 어머니 지갑에서 허락도 없이 돈을 꺼내 과자를 사 먹는 모습을 보여 주시며 회개하라 하셨습니다.

초등학생 때 그 정도도 … ?

놀라며 회개기도하였지요.

오랜 세월 중보기도하면서 마귀에게 발목이 묶여 악한 짓을 일삼는 목사들을 비난, 정죄할 때 성령님께서 성경책에 쓰여있는 그대로 근심 어린 모습으로 나타나셔서 얼마나 놀랐는지요.

회개하였지만 또 다시 비판할 때 "정죄하고 비판하여 네가 지옥으로 가고 있구나"라는 음성을 들려 주셔서 놀랐지만 수십 년 동안 중보기도하고 열심히 순종하였는데 주의 종 그것도 악취 나는 목사를 비난한 것인데 한편 억울한 마음도 들었지만, 회개기도하였습니다.

우리는 인간의 생각이 아닌 하나님께서 원하시는 수준에 도달해야 합니다.

인간이 어떻게 의로울 수 있겠습니까?

의인은 없나니 하나도 없다고 말씀하셨지요!

하나님께서 원하시는 수준까지 도달하기에는 너무 부족한 사람이라는 것을 잘 알고 계시는 하나님께서 특별한 은혜를 주신 것이 있지요!

바로 회개입니다.

회개하면 내가 용서하겠다.

예수님께서 우리의 죄를 씻어 주기 위해 이 땅에 사랑으로 오셨지요.

회개하기 전에 먼저 회개의 영을 부어 주시기를 기도하세요.

"제게 회개의 영을 부어 주세요."

회개의 영을 부어 주시면 진정으로 눈물을 흘리며 회개기도가 솟구쳐 나옵니다. 진정으로 회개기도가 올라가면 천사들이 우리를 씻어 주시고 우리의 옷도 깨끗해지지요. 하루 이틀에 회개가 부족할 수 있습니다.

큰 회개가 끝나면 그다음부터는 그날 잠들기 전에 그날의 소소한 잘못에 대해 회개기도를 하세요. 그러면 기록하는 천사가 기록하기 전에 그 죄가 삭제됩니다.

이 땅에 있을 때 가장 열심히 챙겨야 할 것은 하나님 나라, 천국, 휴거 명단에 들어가는 것이겠지요. 마귀는 영적인 존재이기 때문에 인간을 꿰뚫어 보고 약한 부분이 어느 부분인지 압니다. 그 사람의 가장 약한 부분을 타고 들어가 그 사람을 장악하는 것입니다.

저는 한국인이 가장 많이 휴거 될 것 같다는 생각이 들었는데 깊은 영적인 분들도 같은 말씀을 받았다 하십니다. 북한에 신실한 기독교인이 많다는 것에 놀랐는데 남한은 교인은 더 많지만, 휴거 될 사람은 북한에 더 많다고 하십니다.

지금은 시간이 별로 없습니다. 모든 부분에서 하나님께 순종하시기를 기도합니다. 하나님께서 한국인에게 큰 은혜를 부어 주시고 마지막 때 전까지는 한국이 가장 안전한 지역이 될 것이라 하십니다.

삼위일체 하나님!
감사드립니다.
하나님!
감사합니다.
찬양합니다.
사랑합니다.

장영주 作 | 축복받은 나라 | 73×91cm

"중보기도자 100여 명과 함께 나라에 대한 회개기도 중 묶여 있던
붕대 같은 천이 떨어져 나가고 빛이 비추는 환상을 주신 것을 그림."

2. 타협하지 않는 자와 타협하는 자

이 땅을 다스리는 분이 하나님이시라는 것을 믿는 사람들이라면 우리는 하나님의 뜻을 따라야 합니다.

세상 풍조, 대다수의 삶에 따른다면 그는 하나님의 자녀가 아닙니다.

그가 목사라 할지라도 … .

주님께서 중보기도자에게 준 사람, 교회가 있으면 그 사람을 위해 끝까지 중보기도하기를 바라십니다.

어느 신실했던 목사님이 변질되어 이상한 소리를 하고 있을 때 주님께서 다시 그 교회로 보내시고 중보기도하라 하셨지요.

다시 그 교회를 갔을 때 교회 안에 조폭들이 뛰어 다니는데도 말리는 자들도 없어 놀랐습니다.

제가 괘씸해서 "조폭들, 어디서 뛰어다녀 이것들. 교회에서 나가" 하고 소리를 지르자, 남편이 하얗게 질리면서 나를 끌어안고 다른 곳으로 피신시켰습니다.

"여보, 저 사람들 누군지 몰라서 그래."

"아니, 어디 조폭들이 교회 안을 막 뛰어 다녀."

교회 앞쪽에서는 무언가를 적은 종이를 나누어 주는 사람들이 있었지요. 교회 안팎이 시끄러웠습니다.

주님께서는 특공대 중보기도자들을 대거 그 교회로 보내셨습니다.

열심히 중보기도하자, 무언가 회개기도하고 회복된다는 감동이 전해졌고 그 당시, 담임목사님이 교인들에게 정중히 사과하는 것과 건강도 회복시켜 주시는 것을 보았습니다.

주님께서 "이제 이 교회를 떠나라." 해서 나온 적이 있었습니다.

그러나 나오고 난 후에도 다시 상황은 안 좋아지는 것을 보았고 설교 중에 천국, 지옥이 없는데 자신은 괜히 시간 낭비한 것 같다는 설교를 하

는 것을 들었습니다,

이제는 끝났구나 하는 생각이 들었고 주님께서 다시 그 교회로 가라는 말씀도 없으셨습니다.

이분과 동역하시던 ○○ 목사님은 전혀 세상과 타협하지 않는 분이셨는데 담임목사님은 "에고, ○○ 목사는 답답하다."는 말을 설교 중에도 여러 번 말씀하셨는데 지금은 이분들 모두 소천하셨습니다.

타협을 안 하신 분은 천국에서 겸손의 겉옷을 입고 계시다는 간증을 들었는데 저는 그분 간증이 맞는 간증이라고 생각됩니다.

그러나, 더 큰 사역을 하셨으나 세상과 타협하신 분은 지옥에 있다는 간증을 몇 분에게서 들었는데 당연히 그럴 것이라고 생각합니다.

처음에는 하나님께 충성하고 순수하였지만 주님께서 축복을 주시자 욕심이 생기고 세상과 조금 타협하니 자신이 더 멋진 사람같이 보이고 점점 더 타협하고 더 나아가는 것, 그리고 지옥 가는 것….

이것이 그가 원하는 삶이었을까요?

아니었을 것입니다.

자신은 물론 교인들 모두 당연히 천국에 가리라 생각했겠지요.

"이 정도는 세상과 타협해야지.

하나님 사역을 확장하기 위해서인데 … 뭘?"

그것은 '자신의 의'였을 것입니다.

하나님의 심판대 앞에 섰을 때 "아차!" 했겠지요.

아주 작은 것, 이것 하나는 타협해야지 생각했겠지만, 작은 미세한 구멍으로도 악한 영은 그 사람을 다 장악할 수 있습니다. 타협하지 않는 것이 하나님의 자녀들에게는 아주 아주 중요합니다.

요즘 한국에서도 마약이 심각한 문제가 되었습니다.

그들이 처음에 이것은 아니다 하고 단호하게 거부했다면 얼마나 좋았을까요?

마약뿐 아니라 회사 사람들이 다 술을 권한다 해도
"난 하나님 자녀야, 난 거절할거야."
이렇게 단호하게 나아 가시기를 권합니다.
세상에서 남들 다 하는 술수에서도 단호하게 거절하십시오.
남들에게 과시하고픈 마음보다 더 큰 야망을 가지세요
하나님 나라에서 영원하고 멋진 삶을 … .
하나님의 자녀는 단호하게 거절하고 타협하지 않는 삶을 선택하시기를 권합니다.

3. 하나님의 시간, 사람의 시간

우리 하나님의 자녀들은 하나님의 시간과 하나님의 목표 그리고 사람들의 시간과 목표에 대해 찬찬히 살펴볼 필요가 있습니다. 아주 중요하기 때문입니다.

먼저 우리들의 시간을 보면 80~100살이지요. 우리는 그 시간에 열심히 공부하고 자신의 희망, 일, 목표를 향해 바쁘게 살아갑니다. 세상에 뒤쳐지면 안 되기에 또 세상 문화와 타협하며 살아갑니다.

'세상 사람들이 다 그렇게 살아가는데 나 혼자 경건하게 살 수 있나 그러면 승진에도 영향이 있고 성공하기도 어려울텐데' 하고, 기독교인으로서 잠깐의 갈등을 느끼지만 세상 사람들과 같은 가치관으로 동화되어 살아 갑니다.

물론 일요일엔 교회 가서 예배드리고 헌금도 하고 봉사도 합니다. 그리곤 세상에 나가서는 곧 세상의 가치관과 타협하여 살아갑니다. 두 마리 토끼 다 놓칠 수 없기 때문이겠지요. 우리 사람의 시간은 짧기 때문입니다.

그러나 하나님의 시간은 어떨까요?

영원합니다.

하나님께서는 사람에게 특히 하나님의 자녀에게 관심이 많습니다. 하나님께서는 우리의 탄생부터 관여하시고 각자에게 필요한 사랑, 지혜, 재능을 심으시고 탄생시키십니다. 그리고 계속 사랑으로 지켜보고 계십니다. 살짝 하나님의 존재를 알아차릴 수 있도록 터치도 하시지요. (본인이 못 느낄 수도 있겠지만) 다른 사람을 통해 하나님의 존재를 알리기도 하시고요.

하나님이 아닌 다른 우상, 세상의 신을 선택하면 너무 슬퍼하시며 계속 사인을 보내지만, 사람들은 너무 바빠서 하나님 뜻을 전해 받을 수 없지요.

그러면 하나님께서 극단의 조치를 취하십니다. 극한 상황으로 몰고 가서 하나님 존재를 찾도록 하시지요.

사람은 본인이 할 수 없는 상황에 빠지면 정말 신은 있을까 하고 관심을 갖게 되고 그 상황이 되면 하나님께서 보낸 사람, 사인을 만나게 되지요. 그때 진정으로 하나님께 기도합니다. 하나님은 그 기도를 들으시고 응답해 주십니다. 그리고 그 사람도 하나님의 존재와 하나님께서 도와주시는 것을 알게 되고 정말 하나님은 살아계시고 사람들의 기도를 들으시고 응답해 주심을 알게 됩니다.

그저 형식적인 예배에서 벗어나 한걸음 깊은 예배를 드리고, 깊은 기도를 합니다. 하나님께서 너무 기뻐하셔서 그 사람에게 축복을 줍니다. 은사도 부어 주십니다. 능력도 부어 주십니다.

사람들은 이 상황이 되면 흥분합니다.

하나님께서 정말 나를 아시고 사랑하심을 느끼게 됩니다.

또 안심하게 됩니다.

나는 천국에 가겠구나!

글쎄요?

하나님께서 축복, 은사, 지혜를 주셨다고 천국에 갈 수 있다고 생각하면 위험합니다.

여기서부터 이제 하나님의 채점이 시작됩니다.

진정 하나님의 자녀로 예수님의 신부로 살아가고 있나 하고 채점하십니다.

은사를 사용할 때 돈을 받지 말라고 했는데 왜 돈을 받지?
겸손하라 했는데 벌써 교만해져 있다니?
왜 저 자녀는 내 자리 하나님의 자리에 앉아 있을까?

하나님의 자리에 앉아 있는 사람들은 정말 위험합니다. 이때 하나님께서는 중보기도자에 기도하라거나 말을 전하라고 하시지만 쉽지 않습니다. 하나님께서는 사람들에게 "자유의지"를 허락하셨기 때문입니다.

많은 기독교 지도자가 이 부분에서 탈락을 많이 하게 됩니다. 긴 레이스 중간에 이미 해골 뼈만 남은 사람들을 보여 주시기도 하는데 그들은 이 땅에 아직 살아있는 자들인데 그렇게 보여 주셨습니다. 우리 사람들의 시각에서 보면 긴 시간 하나님을 위한 길에 섰었고 하나님 일을 했다고 생각할 수 있습니다.

그러나 하나님의 시간에서 보면 아주 잠깐 하나님 자녀로 섰다가 곧 실족한 사람으로 보일 뿐입니다.

이 중요한 시기에 하나님께서는 한 번 더 사랑의 손길을 내미십니다.

바로 회개이지요.

이렇게 하나님의 은혜를 맛보고 실족한 자들은 더 위험합니다. 이때의 회개기도는 이미 돌아서 버리신 하나님의 마음을 되돌릴 수 있는 진정성 있는 기도가 되어야 합니다. 진정성 있는 기도가 안 된다면 먼저 하나님께 회개의 영을 보내 주시기를 기도해 보세요.

한두 번해서 주지 않으실지 모르지만, 회개의 영을 부어 주실 때까지 기도하시면 하나님은 사랑이시기에 회개의 영을 부어 주실 것입니다. 하나님의 사랑은 마귀까지 불쌍히 여기시고 사랑하는 수준이시니까요.

회개의 영을 부어 주시면 회개기도가 달라집니다.

주위에 사람들이 없는 골방에 가셔서 문을 닫고 회개기도하시기를 권합니다. 눈물, 콧물, 심장의 통증이 느껴질 것입니다. 이 경지가 되면 회개할 것을 보여 주시는데 우리 사람들의 생각과 다름을 알게 되실 것입니다.

하나님께서는 "아! 이런 것도 죄로 보시는구나" 하고 놀랄 것입니다.

"아! 이것도 회개해야 하는구나!"

하나님께서 하나님의 자녀에게 원하시는 수준은 거의 예수님 수준이라는 것을 알게 됩니다. 정말 성경에 쓰여 있는 말씀 그대로 지키시기를 원하시는구나를 알게 됩니다.

'어떻게 그렇게 될 수 있을까?'

생각에 잠기게 되고 할 말이 없어집니다.

회개한 것을 다시 죄지으면 토한 것을 도로 먹는다고 하시지요.

정말 쉽지 않습니다.

중보기도자들도 위험합니다.

주의 종을 위해 기도하다 보면 나도 모르게 무심코 비판하고 정죄하는 마음을 갖게 되는데 오랜 시간 순종하고 중보기도를 해도 주의 종을 비판하고 정죄한 것으로 지옥에 던져질 수 있습니다. 지금 시대같이 주의 종들이 많이 타락한 상황에서는 중보기도자들도 위험합니다. 조심하고 조심해야 합니다.

주님께서 원하시는 궁극적인 목적은 하나님의 자녀가 천국에 들어와 함께 행복한 삶을 사는 것입니다. 그런데 사람들은 이 땅에서 성공하고 잘 살기를 바라기 때문에 이 부분에서 큰 견해 차이가 생기게 됩니다.

인간들에게는 이 땅만 보이고 이 땅에서의 삶만 바라보고 사는 수준이지만 하나님은 이 땅에서 삶을 잘 살아서 하나님께서 원하시는 합격 점수를 받아 천국에 입성하시기를 바라시는 것이지요.

하나님의 자녀들은 교회 목사님의 설교를 통해 하나님 나라를 조금씩 알게 되는데 목사님들 중에는 천국, 지옥에 대해 설교하기를 꺼리거나 본인도 모르거나 확신이 없는 사람들도 있기 때문입니다.

천국은 단체 입장이 아닙니다.

어느 교회 교인들은 다 천국간다고요?

아닙니다.

개개인이 이 땅에서 산 삶에 따라 다르기에 예수님과 일대일 교제가 필요합니다.

바쁘고 짧은 시간에 어떻게 예수님과 긴 교제 시간을 가질 수 있을까요?

가지치기라도 해서 시간을 내어야 합니다.

세상의 오락프로, 드라마, 유튜브는 다 보고 세상의 모임에 참석하고 자투리 시간에 예수님께 기도하고 교제하는 시간을 가지면 된다고요?

아닙니다.

세상의 영화, 드라마, 오락프로, 게임을 통해 마귀가 내 몸속에 침입하는 것이 보이지 않는다 하더라도 이 상황을 인지하시고 조심하고 멀리해야 합니다.

예수님께서 우리에게 올인하셨듯이 하나님의 자녀도 올인하기 원하십니다. 예수님의 시간에서 보면 우리가 한 시간 기도해도 아주 짧은 시간이기에 주님의 마음과 음성을 전해 줄 수가 없으시답니다.

시간의 십일조라는 이야기 들어 보셨지요?

하루 1/10 시간을 하나님께 내어 드려야 합니다(성경 읽기, 기도, 찬양, 방언 기도 등).

어떻게 그렇게 살 수 있어요?

그런 생각을 하실 수 있습니다.

그러나 하나님께서 그렇게 원하신다면 당신은 어떤 선택을 하시겠습니까?

선택은 각자의 자유입니다.

하나 더 이 상황에서 마음에 두어야 할 것은 지금은 마지막 시기라는 것입니다. 얼마 안 있어 성경에 쓰여 있는 상황이 닥칠 것입니다. 우리가 살아 있는 동안에 휴거가 일어나고 혼란의 시기에 다 다를 것입니다. 당신이 현명하다면, 지금 당장 하나님 나라, 천국, 휴거에 관해 집중하여 연구하고 하나님께 기도로 물어 보세요. 이 상황에서 정답이 무엇인가 알게 되고 합격 점수를 행해 매진할 것입니다.

이미 휴거자의 명단이 작성되었고 예수님께서 그 명단을 받으시고 너무 숫자가 적어 슬퍼하고 계십니다. 조금 더 시간을 가지고 휴거하는 명단이 늘어나기를 기다리고 계십니다.

당신은 하나님의 자녀로서 무엇이 중요합니까?

지금 곳곳에서 이상기후, 재앙, 지진이 일어나고 꿀벌들이 없어지고 있지만 마지막 시대에는 그 강도가 더욱 훨씬 높습니다. 소수가 휴거하고 나면 미지근한 기독교인과 바르지 못한 목사들은 남겨지고, 마지막 추수를 담당해야 할 주의 종들은 남게 됩니다.

그때에 극심한 고통, 통제 속에 있게 됩니다.

기독교인이라 할지라도 영적인 상황을 전혀 모르거나 영의 눈이 닫힌 사람들이 대부분입니다. 영의 눈이 열린 사람들이 상황을 보고 열심히 외칠 때 관심을 가지고 분석해 보시는 축복이 임하시기를 기도합니다.

4. 성경 말씀과 하나님의 영적 터치

성경에 나오는 말씀 하나 하나가 모두 정확하다는 것을 믿기 바랍니다.

[히브리서 4장 12절]
하나님의 말씀은 살아있고, 힘이 있어서 어떤 양날의 칼보다 더 날카롭습니다. 그래서, 사람 속을 꿰뚫어 혼과 영을 갈라내고 관절과 골수를 갈라놓기까지 하며 마음에 품은 생각과 의도를 밝혀냅니다.

풀은 마르고(찬송)

풀은 마르고 꽃은 시드나 주의 말씀은 영원해
주의 말씀을 믿는 자 그의 구원을 얻으리
주의 말씀을 믿는자 그의 구원을 얻으리
주의 말씀을 행하는 자 그의 능력을 보게 되리라
주의 말씀은 영원해 주의 말씀은 영원해
영원해. 영원해

5. 위험한 최전방에 서 있는 중보기도자

예언적 중보기도자들이 필히 아셔야 될 것이 있습니다. 주님께서 예언적 중보기도자로 부른 사람들은 자신이 극히 위험한 영적 최전방에 서 있는 사람임을 인지하셔야 합니다.

이런 예언적 중보기도자는 우선 주님께서 부르신 소명에 충직하고 강직하게 일을 해내는 성향이 있는 분이실 것입니다.

위험해도 공격의 대상이 되어도 주님의 지시에 굳건히 따르시는 분들입니다. 이런 중보기도자들은 마귀들의 집중 견제 대상이 됩니다. 그것도 높은 자리의 마귀들이 대적하러 나설 것입니다. 이런 예언적 중보기도자들의 위력을 알기 때문입니다.

예언적 중보기도자로 부르시면 업무를 시작하기도 전에 마귀들의 집중 공격을 받게 됩니다.

마귀들도 아주 작은 마귀, 제법 큰 마귀 루시퍼가 있지 않습니까?

루시퍼가 직접 출동하여 견제하거나 덥석 물을 만한 미끼를 내밀기도 합니다. 루시퍼가 나타날 때도 무언가 강하고 신비로운 분위기를 연출합니다.

하나님의 영인지?

루시퍼인지?

구별이 안 될 때는 기도를 하십시오.

"하나님! 지금 접근하는 존재가 무엇입니까?"

"도와주세요."

기도만 해도 루시퍼는 더 이상 접근을 못합니다.

예언적 중보기도자에게 성령님께서 영분별의 은사도 주십니다. 계속 마귀들이 보인다면 불편할 수 있겠지만 마귀가 접근하고 있는 것을 꼭 알아야 할 단계까지만 보여 주시는 것 같습니다. 그리고 마귀는 사람을 영으로 파악하기 때문에 어떤 것으로 미끼를 던져야 덥석 물어서 하나님 일을 못 하게 하고 지옥으로 끌고 갈 수 있는지 아는 존재입니다.

각 사람에게 취약한 부분으로 공략하려 할 것입니다. 죄, 돈, 음란, 권력 등 맞춤 분석으로 공격하지요. 마귀는 한 번 공략에 실패했다고 물러서지 않습니다. 천국 문 앞까지라도 따라가서 시도합니다. 생각도 조심해야 합니다. 마귀는 생각을 타고도 들어옵니다. 결코 만만한 존재가 아닙니다.

아주 미세한 죄라도 즉각 회개기도하셔서 마귀에게 기회를 주지 않으셔야 합니다. 예언적 중보기도자들에게는 예수님의 심장을 주실 것입니다. 이해가 안 될 수도 있겠지만, 예수님의 심장은 여러 사람에게 나누어 줄 수 있는 신적 초월적입니다.

그래서, 중보기도자들이 치열한 영적 전쟁터 최전방에서 기도하고 길거리에서 큰소리로 회개하라고 외칠 수 있는 것입니다.

중보기도자로 부르셨다면 좀 더 강한 권세를 받아야 자리를 지켜낼 수 있습니다. 기도의 권세, 선포기도의 권세가 높은 경지에 이르셔야 합니다.

또, 중보기도자에게 위험한 것은 기도하라고 한 주의 종에게 실망하여 비난하고 정죄하면 위험합니다. 이것은 주님께서 싫어하시고 지도자가 변질되면 주님께서 벌하신다고 합니다. 예수님은 어떤 상황이라도 주의 종을 비난하고 정죄하는 것은 절대로 묵과하지 않는다는 것을 깊이 인지하셔야 합니다.

주의 종인데 위험한 생각을 하고 있는 것을 성령님께서 전해 주실 때는 조용히 그분을 위해 중보기도해 주시기를 주님은 원하십니다. 주님은 비난과 정죄를 하지 말라 하셨고 성령님께서도 근심하신 것을 전해 주셨는데 계속 주의 종을 비난하게 된다면 차라리 주의 종에 대한 중보기도의 자리에서 떠나는 것이 현명하다고 생각합니다.

그리고 중보기도자에게 많은 사람이 기도해 달라고 연락을 할 것입니다. 아닌 것은 단호하게 거절하셔야 합니다. 기도자로서 당신의 권세를 이용하고 싶어 하는 무리도 있다는 것을 아셔야 합니다. 그래야 중요한 기도의 업무를 지켜 낼 수 있습니다.

그런데 간절한 사람들이 영으로 찾아와 기도해 주기를 바라는 일도 있습니다. 그런 분들은 기도해 주셔야 합니다.

한국에서는 우리의 선조 때부터 멋지고 굳건한 여성 중보기도자 분들이 많이 계셨습니다. 묵묵히 최전방에서 중보기도로 막아서는 분 덕분에 한국이 발전되고 유지된다고 생각합니다. 잠도 제대로 못 자고 새벽에 깨우시고 기도하라 하셔서 힘들어 이제 그만 중보기도자의 자리에서 은퇴하고 싶어 하시는 분도 계시는데 주님께서 중보기도자는 은퇴가 없다고 하십니다.

이 땅에 사는 날까지 끝까지 중보기도자의 자리를 지켜 내기를 원하십니다. 중보기도자가 그런 권세를 가지기까지 많은 시간이 필요했고 지금은 마지막 시기이며 긴박한 시기이기 때문입니다.

6. 천국의 내 집은 어떻게 지어질까?

천국의 집은 어떻게 지어질까요?
이 지구상에서의 삶이 재료가 되어 천국의 집이 지어집니다.
이 땅에서 가난한 사람을 도운 것!
찬양을 올려 드린 것!
신령과 진정으로 예배드린 것!
중보기도한 것!
하나님 나라를 위해 재정을 심은 것!

하나하나 올라가면 그것이 재료가 되어 천국에 집이 지어집니다.
좀 더 깊이 들여다 보면 열심히 신앙생활을 했어도 용서하지 못한 사람이 있으면 당신의 집은 아마 천국 외곽 지역의 오두막 집일 수 있습니다. 남에게 보이기 위해서 좋은 일을 한 것, 과시하면서 헌금한 것은 천국의 집을 짓는데 재료가 되지 않습니다. 진정한 마음으로 울린 과부의 적은 돈이 더 멋진 집의 자료가 될 것입니다.

이 땅에서 삶을 잘 살면 영원한 천국에서 살고 멋진 집에서 사는 것이 동화 이야기 같게 들릴 수 있겠지만 사실입니다.

하나님!
이 글을 읽는 분들에게 믿음을 부어 주세요.
이 땅에서 하나님 뜻대로 깨끗하게 살고 천국의 멋진 집에서 평화롭게 기쁘게 영원히 살 수 있게 허락하여 주옵소서.
예수님 이름 받들어 기도드립니다.

7. 하나님 자녀에게 주시는 겉옷

우리는 하나님께서 주시는 겉옷, 이 겉옷에 대해서도 아셔야 합니다. 하나님께서 주시는 겉옷에는 하나님의 권능이 있습니다. 보통 사람의 능력으로 할 수 없는 것도 큰 권능을 받고 사역하게 됩니다.
다양한 종류의 겉옷이 있습니다.

빛의 겉옷
빛의 겉옷을 입고 사역하고 있으면서 본인이 모를 수도 있습니다. 하나님의 의의 옷을 입고 있습니다. 필요할 때마다 천국에 올라갈 수 있습니다. 그런 은혜를 받고 의의 옷을 통하여 하늘의 보좌에 마음껏 올라갈 수 있습니다. 빛의 옷을 입음으로 하나님 나라의 일을 할 수 있습니다.

제사장의 겉옷
제사장의 겉옷은 능력이 있기에 하나님의 임재가 있습니다. 예수님의 겉옷을 만진 여인이 혈우병을 그 자리에서 치유 받은 것 아시지요. 바울의 수건에서도 능력이 흘러나와 치유되었고요.

케더린 쿨만도 제사장의 겉옷을 입고 사역한 것으로 보입니다. 현재도 하이디 베이커 목사님, 댄포즈 목사님, 호건 목사님 같은 분이 제사장의 겉옷을 입고 사역한다고 전해집니다.

하나님의 권능은 오직 거룩한 사람들을 위한 것입니다. 제사장의 빛을 전달해 줄 수 있는 존재가 된 것입니다.

겸손의 겉옷

적지 않은 주의 종, 사역자가 어느 정도 사역에 성공했다고 느껴질 무렵 교만으로 무너지는 것을 보셨을 것입니다. 하나님께 겸손의 겉옷을 주시기를 기도하십시오. 그러면 아무리 큰 사역자, 큰 업적을 이루어 낸 주의 종이 되어도 겸손을 유지할 수 있습니다. 예수님께서 이 땅에 계셨을 때도 이 겸손의 겉옷을 입고 있었습니다. 천국에서도 겸손의 겉옷을 입은 사람을 가장 인정한다고 합니다.

브살렐의 겉옷

창조자의 겉옷이 있습니다. 예술가들은 반드시 브살렐의 겉옷을 구하십시오. 뛰어난 창의력, 창조력을 하나님께 받을 수 있습니다.

구제 사역자의 겉옷

어려운 사람들을 돌보는 사역자들은 이 구제 사역자의 겉옷을 입고 있습니다. 사랑으로 구제 사역을 잘 해낼 수 있습니다.

여성 사역자들에게 주실 야웨의 겉옷

주님께서 마지막 시기에 여성을 들어 쓰신다고 하셨지요. 케더린 쿨만이 받은 야웨의 겉옷은 큰 이사와 표징을 나타낼 수 있는 겉옷으로 예수님 역할을 할 수 있는 겉옷이라 하십니다. 젊은 영적 거장 목사님께서 자신에게 달라하였으나 주님께서 "아니다. 여성에게 줄 것이다. 한두 명이 아니라 많은 여성에게 줄 것이다."라고 하셨답니다.

여성 사역자분들!

큰 그릇 되시기를 기도합니다.

좋은 소식은 지금도 수많은 종류의 하나님 겉옷들이 아직 주인을 못 찾아 천사들이 지키고 있다는 것이지요. 엘리사가 엘리아의 겉옷을 받은 것처럼 기도하셔서 선조들의 겉옷을 받기를 권합니다. 여러 종류의 겉옷을 입고 하나님 나라의 사역을 하시는 분들도 계십니다. 어떤 겉옷을 입고 사역하신 분이 하늘나라로 올라가시면 그 시간에 하나님께 기도하여 보십시오.

우선 자격이 되셔야 합니다.

8. 하나님의 평가는 절대 평가입니다

하나님의 평가는 비교 평가가 아니라 절대 평가입니다. 우리는 비교 평가에 익숙해져 있습니다. 교회 안에 사람들을 냉철하게 볼 수 있고 판단할 수도 있습니다.

"저 사람보다 나는 그래도 깨끗하게 살고 있어, 내가 좀 더 경건한 편이지."

"내가 용서 못하는 사람이 있지만, 하나님께서도 아실거야. 그 사람이 얼마나 악인인지."

"난 그래도 십일조도 냈어."

장영주 作 | 붉은 터치 | 75.5×145cm

"여성들이 여성성을 잃지 않고 강건하게 나아가기를 기도하며 작업함."

"난 천국에 갈거야. 우리 교회 목사님이 우리 교인들은 모두 천국에 간다고 했으니."

과연 그럴까요?
그러나 중요한 것은 하나님께서 어떤 수준을 원하시느냐일 것입니다. 성경을 읽고 또 읽어야 합니다. 성경에 답이 있으니까요.

내가 거룩하니 너희도 거룩하라(레 11:45).

예수님과 같은 경지에 이르기를 원하셨다면 기도하고 따라야 합니다. 죄를 지어서 지옥에 간다면 죄짓는 손 하나를 잘라내더라도 천국에 가는 것이 낫다고 말씀하셨으면 그대로 하길 원하십니다.

하나님의 초자연적인 경험을 많이 한 사람은 환상으로 음성으로 레마로 주신 것을 다시 한번 성경 말씀으로 확인해 주시는 것을 경험합니다. 말씀으로 한번 더 확증해 주시는 것이지요.

미물인 사람이 어떻게 이 세상에서 살아가면서 죄를 하나도 짓지 않고 살아갈 수 있을까요?

하나님은 인간을 창조하신 분입니다. 지금 이 땅의 사회, 문화가 얼마나 타락한 곳인지 정확히 알고 계십니다. 하나님께서는 크나큰 사랑의 증표를 주셨지요.

바로 회개입니다. 물론 회개도 하나님께서 회개의 영을 부어 주셔야 됩니다. 사람들은 착각하기 쉽습니다.

그저 형식적인 말로 회개기도해도 하나님께서 통과시켜 주실 것이라고 하나님께서 인간에게 속을 것이라고 생각하십니까?

어림도 없습니다. 진정한 마음으로 눈물을 흘리며 죄에 대해 회개기도를 했을 때 받아주십니다. 그러면 천사들이 깨끗이 씻어 주고 주님의 보혈로 바랍니다. 그리고 나서 또 죄짓는 것은 위험합니다. 토한 것을 다시 먹는다 하시지요. 정말 명심하며 조심하며 살아가야 합니다.

하나님께서는 각각 개인 한 명 한 명에 대해 절대 평가를 하십니다. 심판대 앞에 서면 당신이 이 땅에서 살아온 삶이 다 녹화되어 있습니다. 기록하는 천사들이 있는데 당신이 이 땅에서 살아온 삶을 다 녹화했습니다.

그곳에 도착해서는 회개가 불가능합니다. 죄가 많다면 어떤 힘에 의해 그대로 지옥에 던져 질 것입니다. 그리고 영원히 고통 속에 살아야 합니다. 영적으로 열린 사람들은 늘 옆에서 인도하여 주시고 간섭하여 주시는 하나님의 인도함을 받습니다.

당신이 현명하다면 하나님에 대해 깊이 분석하고 만나고 당신이 하나님 나라의 합격점수를 통과하여 영원한 시간을 지옥이 아닌 천국에서 보낼 수 있도록 모든 시간, 정성, 온 마음을 다해 하나님께서 이끄시는 대로 즉각 순종할 것입니다.

하나님을 만나시기를 하나님의 인도하심을 따르시기를 천국에서 영원히 하나님의 사랑을 받으며 행복한 삶을 누리시기를 간절히 기도합니다.

9. 나를 향한 하나님의 계획표를 알아야 합니다

우리는 살아가면서 하나님께서 나에게 계획하신 프로젝트를 모르기 쉽고 또 순종하기도 어렵습니다. 각자 자신의 생각, 계획이 강하기 때문이지요. 그래서 바울 선생은 "내가 죽어야 한다. 날마다 죽어야 한다."고 하셨지요.

나를 내려 놓고 하나님이 계획하신 프로젝트를 따르기를 원하시지만 하나님께서는 인간에게 자유의지를 주셨으니 각자 스스로 선택하셔야 합니다.

나는 목사가 아니니까 나는 신학을 전공한 사람이 아니니 구경꾼만 하겠다고 생각할 수 있습니다. 그러나 그것은 하나님께서 예비하신 큰 축복

을 놓치는 것이지요

　하나님께서는 각 개인 한 명 한 명에게 다 다른 프로젝트를 세워 놓으셨습니다. 축복, 영광을 주기 위해서 입니다.

중보기도자로 부르셨다면

　이들은 나라가 위급할 때, 교회가 위험할 때, 담임목사를 지켜야 할 때, 북한주민을 위해 주님께서 음성으로 들려 주시고. 환상을 보여 주십니다. 중보기도하라 하실 때, 위급할 때는 긴급한 소리로 깨우시며 중보기도하라 하시고, 어느 곳에 가서 그 땅을 밟으며 기도하라 하시면 즉시 그곳으로 가서 기도해야 합니다.

　나라가 위급할 때 청와대 앞에서 길거리에서 기도하라 하시면 즉각 순종해야 합니다. 겉으로 볼 때는 노숙자 모습, 거지 같은 모습으로 보일지라도 주님께서는 바로 옆에 앉으셔서 기도를 듣고 응답하여 주십니다.

　잠깐 하는 것이 아니라 이 땅에 살아 있는 동안 지속적으로 중보기도해야 합니다. 중보기도를 지속적으로 하면 주님께서 기도자의 권세를 높여 주셔서 태풍이 긴급히 올 때도 진로를 바뀌게 하는 기도의 권세도 부어 주시지요. 우리나라는 묵묵히 중보기도하신 우리의 할머니 어머니들 덕분에 위험한 한국이 많은 보호를 받은 것 아시지요.

구제 사역자로 부르셨다면

　먼저 주님의 테스트에 통과하셔야 합니다. 나의 돈이 아니라 하나님께서 구제 사역하라고 주신 돈임을 인지해야 합니다. 예수님의 마음으로 이 사역단체가 유지되어야 할 텐데, 이 교회가 지속되어야 할 텐데, 주님께서 이 사람을 돕기를 원하시는구나 전해지면 즉각 도우십시오.

　마음이 중요하고 사랑의 마음으로 도와야 합니다. 오른손이 하는 것을 왼손이 모르게 하길 원하시고 사람들에게 과시하기보다는 주님께서 알고 계심을 마음에 두어야 합니다. 구제 사역을 하다 보면 좀 서운한 사람도 있으나 주님께서는 내가 다 받았다 하십니다. 꾸준히 구제 사역을 하다 보면 점점 가난해질 것 같지만 주님께서 다시 부어 주십니다.

치유 사역자로 부르셨다면

어느 날 생각지도 않았던 치유 은사를 주셨다면 치유 사역자로 부르신 것입니다. 치유기도는 체력적으로 힘이 들고 변질될 우려도 크기에 사람들이 망설이게 되는데 하늘나라에는 치유 은사를 줄 사람의 명단이 이미 있고 성령님께서 은사를 주셨다면 사용하기를 원하십니다.

치유 사역은 받는 사람이 믿음이 있어야 치유가 일어나는데 즉각 치유가 일어나기도 하고 천천히 치유가 일어나기도 합니다. 이때 받는 사람들이 의심한다면 치유가 멈추게 되지요.

주님께서 너희가 은사를 거저 받았으니 거저 주어라 하셨으므로 거저 치유해 주어야 합니다. 또 중요한 것은 아픈 사람에 대한 긍휼의 마음과 사랑의 마음으로 치유기도를 해 주어야 합니다. 치유 은사도 꾸준히 깨끗하게 사용하면 이적, 기사의 경지까지 높여 주십니다.

각자에게 부어 하시고 은사를 주셨다면 이 땅에서 삶이 끝나는 날까지 충성되게 사역하기를 원하십니다. 조금 하다 말거나 변질되면 처음부터 안하는 것보다 못하다는 생각입니다. 고생 많이 하고도 도리어 하나님의 응징을 받을 수 있기 때문입니다.

제3부

중보기도

1. 구제 사역자로 부른 사람

어느 날 나의 화실에서 구제 사역자로 부른 사람을 위해 목사님 한 분과 함께 기도해 주었는데 특별한 표징을 보내 주셨다. 구제 사역자로 부른 사람의 손바닥에 동그란 금박무늬가 열 개쯤 생겨서 모두 놀랐다. 너무 놀라서 한동안 쳐다보고 있었고 당사자도 하나님께서 구제 사역자로 부르신 것에 대한 확신을 받았다.

그렇게 특별한 사인을 보여 주셨으니 잘하고 있겠지 생각하고 있는데 몇 년 후 나를 찾아왔다. 그런데 의외의 말을 하는 것이다. 자신은 어렸을 때 너무 가난했기에 깊은 상처가 있어서 돈을 쓸 수가 없었다고 한다. 영성도 있어서 주님께서 어디에 심으라 하셨지만, 순종할 수가 없었다는 것이다.

이후 계속 구제 사역자의 자리에서 도망쳤는데 구제 사역도 외면하면서까지 악착같이 돈을 모았지만, 자기 재산은 도리어 반토막이 났다고 한다.

이전에도 어느 선생님이 어려운 학생을 돕겠다고 원하는 액수의 돈이 모일 때까지 악착같이 돈을 모았고 원하는 수준의 액수가 되어 구제 사역을 하려 했을 때 교회 내에서 장로에게 사기를 당하고 병이 들어 입원하고 말았는데 사람들이 나에게 따지듯이 묻는다.

"그 양반, 교회에 헌신했고 좋은 일을 하려고 했는데 하나님께서 그러실 수가 있냐고?"

나도 모르는데 기도를 드렸다.

"하나님!

사람들이 저에게 항의하고 따져요.

어려운 학생을 도우려는 사람을 왜 안 도우셨냐고요."

주님께서 성경 말씀에 교회 안에서 이자 놀이를 하는 것에 대해 말씀하신 것을 보여 주셨다.

"저 혹시 그분 교회 안에서 교인들에게 이자 놀이 하셨나요?"

"네. 교인들에게 이자 놀이를 오랫동안 했지요."

항의하신 분에게도 주님의 뜻이 전해지셨나 보다.

"하나님의 뜻을 거역하면서 자기 뜻대로 하려 하면 안 되는군요."

그분 정말 악착같이 돈을 모으려는데 알뜰이 지나쳐 안쓰럽게 느껴지기까지 했는데 하나님의 뜻을 모르고 자기 혼자 결정하고 열심히 추진하고 ….

그분 생각하면 가슴이 먹먹하다.

우리는 자신에게 주어진 소명을 정확히 전해 받고 주님의 뜻 안에서 주신 사명을 이루며 살기가 쉽지 않다. 무엇보다 사람이 이 세상에 살아가면서 상처 받지 않고 살 수가 없기 때문이다.

모두에게 상처가 있다.

연약한 미물인 인간이 어찌하여야 할까?

우리에겐 전지전능한 하나님이 계시지 않는가?

"하나님! 제가 살면서 이런 상처가 생겼어요. 그런데 저의 힘으로 상처가 치유되지 않아요, 하나님께서 고쳐주셔서 하나님께서 주신 소명 잘 감당할 수 있게 해 주세요."

기도하면 주님께서는 기뻐하시며 "그래 내가 고쳐 주마. 네게 준 소명 잘 해내라." 하신다. 우리는 바쁜 주님을 귀찮게 해드리면 안 된다는 생각을 하는데 그건 심각한 착각이다. 그렇지 않다.

주님께서는 아주 작은 것도 물어보고 답을 구하는 자녀들을 어여삐 여기신다. 하나님께서는 이 땅에서 하나님을 추구하는 자를 기다리고 계시고 인도하여 주시기를 바라신다. 절대로 귀찮아하지 않으신다. 기다리고 계신다.

자녀들이 하나님께 늘 기도하며 묻기를 ….

최근에는 내가 어렸을 때 어머니가 거지에게 한 행동을 몇 번 보여 주셨다. 내가 초등학교 1학년쯤 되어 보이는데 그 당시는 거지들이 집마다 와서 밥 좀 달라고 했던 시기였다.

대부분 아주머니는 거지들이 가지고 다니는 깡통에 밥을 좀 넣어 주거나 비닐봉지에 음식을 넣어 주고 얼른 문을 잠그는데, 어머니는 거지들을 툇마루에 앉으라 하시고 밥상에 수저도 놓아 주고 밥과 반찬도 차려 주고 밥을 먹으라 하셨다.

어린 나는 거지들에게 우리 수저를 주고 … 하며, 싫었던 기억이 난다. 그 거지들은 밥을 다 먹고 인사를 정중히 하고 떠났다.

왜 이 모습을 여러 번 보여 주시는 것일까?

땅바닥에 쭈그려 앉아 깡통에 던져진 밥을 먹고 살던 거지들이 인격적인 대우를 받으며 밥을 먹게 되었을 때 그들의 마음속, 심정 속에 무언가가 회복되었을까?

인간으로 자존감이 회복되었을까?

그 거지들은 밥을 구걸하러 다시 오지 않았다.

주님께서는 구제 사역자들이 어려운 이들을 인격적으로 대하며 사랑으로 품기를 원하시기에 어머니의 행동이 마음에 드셔서 보여 주시는 것 같았다.

경제적으로 조용히 도울 수는 있겠지만, 인격적으로 대하고 사랑으로 품기까지 할 수 있을까?

단지 돕는 수준이 아니라, 그들이 다시 꿈을 갖고 회복되기를 바라는 마음으로 구제 사역하기를 바라시는 주님!

주님은 우리에게 인간의 차원을 넘어서 주님의 심성으로 주님의 사역을 해 내기를 바라심이 전해진다.

몇 해 전부터 북한에 대해 생각만 해도 눈물이 걷잡을 수 없이 나오고 통곡이 터져 나와 교회 안에서 창피할 정도이다. 남의 일에 무심한 성격인데다 북한은 더욱 관심도 없었는데 주님의 마음이 북한 사람들에게 있음이 전해진다.

북한 사람들이 하나님을 믿다 죽으면 죽으리라 하는 마음을 갖고, 주님을 사랑하고 온전히 의지하여 주님의 눈이 사랑으로 그들을 품고 그들을 보고 계시고 앞으로 그들을 들어 사용하실 것이라는 감동이 온다.

구제 사역자들도 북한 사람들을 돕는 일에 주님의 마음을 품고 사역해야 함이 전해진다.

2. 너의 기도 노트를 보고 있다

주님께서 책을 쓰라는 말씀을 여러 번 주시면서 "내가 너의 기도 노트를 보고 있다."고 하셨다.

'주님은 기도 노트가 육십 몇 개라는 것을 정확히 알고 계신 분이구나!'

단순히 그렇게 생각했다.

책을 쓰면서 정확한 자료가 필요해 기도 노트를 확인하면서 생각했다.

'아! 이때 이미 이렇게 하라 말씀을 주셨는데,
아! 이미 십년 전에 이것을 고치라고 말씀을 주셨는데,
아! 이 환상을 주시고 3년 후에 그대로 이루어졌구나.'

다시 한번 주님께서 인도하신 것을 확인하니 죄송스러웠다.

얼마나 오래 참으시고 기다려 주셨을까?

죄송한 마음이 들었다. 주님께서 네 기도 노트를 보고 있다고 하시는 말씀 안에는 그 기도 노트 안에 있는 모든 내용도 알고 계시는 하나님의 능력과 이미 오래 전에 말씀하셨다는 것도 다시 깨닫게 하시려 한다는 마음도 알게 되었다.

열심히 찬송을 올려 드리고 예배드리고 말씀을 읽었다고 생각했는데 그동안 삶이 너무 바빴다.

이렇게 화실도 못 나가고 한가하게 기도 노트를 점검할 시간을 갖게 하신 것도 다 주님의 뜻이 있이라는 것을 알게 하셨다.

하나님! 저희는 얼마나 바쁘게 살고 있는지요.

늘 시간에 쫓겨 하나님을 천천히 집중하며 만나는 시간이 얼마나 부족했는지 이제야 깨닫습니다.

하나님께 집중했다면,

주님께서 주신 말씀에 즉각 순종했었다면,

기도 노트에 적어만 두는 것이 아니라 마음 깊이 새겨들어야 했습니다.

그리고 제가 무엇을 한다는 착각이 있었습니다.

죄송합니다.

다시 한번 부족하고 부족함을 느낍니다.

주님께서 저에게 주신 프로젝트를 사랑의 마음을 품고 다 이루고 이 땅을 떠나기를 소망합니다.

나의 아버지 감사합니다.

3. 사람들이 하나님을 믿을 수 있을까?

지금 세상은 마지막을 향하여 가고 있는데 교회 안에서는 다양한 모습이 보인다. 사회적으로는 기독교 폄하 여론까지 몰아치고 있다.

지금은 어떤 교회를 선택하느냐 어떤 목사의 인도를 받느냐가 더욱 중요한 시기이다.

저 목사는 정말 하나님을 만났을까?

주님께서 선택하셨을 때의 모습에서 왜 그렇게 멀리 벗어나 있을까 하는 생각이 드는데 이런 목사일수록 과장, 포장, 위장에 능하다.

그렇다면 자신이 잘못된 길로 접어들고 있다는 것을 의식하는 데도 왜 그렇게 밀어붙이는지 왜 회개를 안 하는지' 하는 생각이 든다. 문제가 많은 기독교 리더, 목사가 통곡하며 회개기도하면 "주님은 중보기도자들에게 3일 금식기도를 하라, 저 목사에게 이런 말을 전하여라, 다시 회복되게 기도하라." 하시는 경우도 여러 번 있었는데 회개의 영도 성령님께서 허락하셔야 함을 느꼈다.

주님께서 정리하신 관심도 없는 목사를 따르는 것은 정말 위험하다.

지옥까지 함께 갈 확률이 높기 때문이다.

기독교인들의 착각이 있는데 세속적으로 별로 다름 없이 살아도 교회만 다니면 천국간다는 위험천만한 생각에 잡혀 있다.

무언가 교회 구축을 위해 우리 교회는 다 천국 간다는 말을 일삼는 사기꾼 목사들에게 현혹되고 지옥까지 함께 가서야 되겠는가?

주님께 지혜를 구하고 어느 교회에 다녀야 하는지 기도하고 주님의 인도함을 받아야 할 때이다.

주님!
주님께서 선택한 자녀들에게 지혜를 부어 주옵시고
바른 목사를 만나게 인도하여 주옵소서.

주님께서 내가 갈 때 너희에게서 믿음을 보겠느냐 하신 말씀이 계속 생각난다. 이 긴박한 시기, 이 중요한 시기에 기독교계는 어수선하다. 다양한 수준의 신자들, 하나님을 샤머니즘적으로 믿는 사람들이다. 예수님을 나의 기도를 들어 주어야 하는 도깨비 방망이쯤으로 생각하는 사람들, 욕망이 가득 차 하나님을 이용하는 목사들이다.

하나님을 학문적으로 공부만 하고 정작 하나님은 만나지 못한 신학자, 목사, 종교의 영에 갇혀 형식적인 예배를 드리면서도 자신은 신실하고 천국에 갈 것이라고 굳게 착각하는 사람들이다.

성령세례를 받지 않은 자는 천국에 오지 못한다고 말씀하셨는데도 방언도 못 하게 가로막으며 성령의 은사, 표적을 신비주의자로 몰아붙이는 씩씩한 사람들도 있다.

신령과 진정으로 예배드려야 하는데 연극무대같이 드려지는 예배!

일개 신자가 이렇게 가슴 아픈데 주님은 얼마나 가슴 아프실까?
하늘에서 인간의 몸으로 내려오시고 온갖 고초를 겪으면서 자녀들에게 기회를 열어 주셨는데 정작 주님의 인도하심을 따르며 천국에 올라올 자, 휴거될 자가 극소수라는데 얼마나 가슴이 아프고 허망하실까?
왜 그럴까?

사람들은 하나님을 자신이 속일 수 있는 존재로 안다.
그저 세상의 사람들도 어느 정도 사람들을 보기만 해도 분석이 되는데 인간을 창조하신 하나님이 인간을 모르겠는가?

인간들의 삶, 악한 행동, 마음속의 생각까지 그것도 모든 사람이 즉각 분석되는 하나님의 시스템을 모르기 때문이다.

나는 젊었을 때 어떤 생각을 하고 있는데 주님께서 빨간 신호등을 보여 주셨다. 그것은 안 된다는 사인을 주셨다.

보통 사람들은 그렇게 사는데?

지금에 와서 느껴지는 것은 중보기도자로 부른 사람은 그런 죄를 지으면 중보기도자에서 권세, 권능이 사라질 수 있기에 안 된다고 사인을 주신 것이라고 이해되었다. 세상 사람들이 다 어떻게 살아도 하나님의 자녀는 세상에서 벗어나서 하나님 앞에 집중하는 삶을 살아야 한다.

"어떻게 그렇게 살아" 할 수 있지만 아침에 일어나서 식사하기 전에 성경 말씀을 읽고 늘 기도하고 잠자기 전 감사기도를 드려야 한다. 그날 무심코 지은 사소한 죄도 천사들이 기록에 올리기 전에 회개기도를 드려야 한다. 더구나 지금은 마지막 긴박한 시기이다.

이 땅에 살아있을 때 하나님 나라의 법칙을 이해하고 순종하는 것이 얼마나 큰 은혜인가를 빨리 파악하여 하나님의 큰 축복을 받기를 원한다.

하나님께서 선택한 자녀에게 지혜를 부어 주옵소서!

4. 광주 그 땅을 밟으며 기도하여라!

서울에서 광주에 대해 기도할 때 "그곳에 가서 그 땅을 밟으며 기도하라."는 말씀을 받아 그림을 하루 쉬고 광주에 도착하였으나 막막했다.

모르는 분이 광주 YMCA 한번 가보라 하신다[?].

광주 YMCA에서 내리니 열 분의 목사님에 대해 적힌 플래카드가 걸려있다. 광주에 가기 전에는 5.18 그 상황에서 목사님들께서 사역하신 것을 몰랐었다. 올라가니 강당이 있었고 안으로 들어가니 의자가 하나 있다.

그 의자에 앉아 기도하니 통곡이 쏟아져 나온다.

성령님이 함께하시며 환상을 보여 주시는데 긴박한 상황에서 결의에 찬 사람들이 회의하는 모습을 보여 주셨다. 성령님께서 광주민주화운동 때 고문당하신 목사님의 후손에게 축복이 임하게 기도하라 하셔서 후손들에게 축복을 베풀어 달라고 기도를 올려 드렸다.

그렇게 큰 소리로 울며 기도하면 누군가 확인하러 올만도 한데 기도하는 동안 아무도 접근하지 않았다.

YMCA에서 나와서 옛 전남도청에 가 그 땅을 밟으며 속으로 조용히 기도하는데 어느 분이 어떤 건물을 가르치며 "저곳으로 가보세요. 그곳에서 시체 수백 구가 나왔어요."라고 한다.

그 주변을 돌며 기도했다.

이 모르는 사람들이 왜 나에게 와서 이런 말을 전하여 주는 것일까?

광주에 가서 땅을 밟으며 기도하고 돌아왔는데 이후 많은 중보기도자가 광주로 내려가 광주 땅을 밟으며 기도하고 온 사람들이 많았다고 전해 들었다.

8년 전의 일인데 목사님 후손에게 축복을 부어 주리라 믿는다.

5. 광화문 집회에서

나라가 위험해서 광화문 애국 집회에 참석했다. 수많은 나라를 걱정하는 보수우파 사람들이 대거 참석했다. 별로 내색하지 않는 보수성향의 사람들이 광화문 아스팔트 바닥에 모여 앉아 있다. 그저 국민의 한 사람으로 참여한다는 의지가 보인다. 많이 알려진 사람들도 아스팔트 바닥에 앉아 함께한다.

하나님께서는 비도 오지 않는데 무지개도 여러 번 보여 주시고 함께하심을 전해 주셨다.

광화문 광장에 수많은 사람이 길거리 바닥에 앉아서 앞쪽을 바라보고 있는데 나에게 영적인 눈을 열어 주셨다. 비행기 모양인데 투명하고 통통한 편인 커다란 비행기가 사람들 위에서 천천히 낮게 나는 것을 보여 주셨다. 투명하고 커다란 비행기가 무엇을 의미하는지는 정확히 모르겠으나 투명한 성령님의 모습, 투명한 칼을 보여 주실 때와 같이 하나님 나라에서 보낸 비행기 같았다.

2019년 10월 25일에 나라를 위한 기도 중 새벽 5시에 말씀을 주셨다.

[역대하 20장 17절]
이 전쟁에서 너희가 싸울 것이 없다.
너희는 대열만 정비하고 굳게 서서 나 주가 너희에게 승리를 가져다 주는 것을 보아라.
유다와 예루살렘아 너희는 두려워하지 말아라.
겁내지 말아라.
내일 적들을 맞아 싸우러 나가거라.
나 주가 너희와 함께 있겠다.

6. 청와대 앞에서 나라를 위해 기도할 때

청와대 앞 길거리에서 나라를 위한 기도회가 있어서 참석하였다. 개인적인 성향으로는 참여하고 싶지 않았으나 계속 함께해야 한다는 감동이 와서 합류했다.

연로하신 권사님들, 기도의 할머니들이 불편한 몸을 이끌고 영하 십 도의 날씨에도 길거리에서 노숙하며 기도하고 있었다.

울컥한다.

신실한 분들이 여기 다 모이셨네!

어떤 대가도 어떤 높임도 받을 수 없는 길거리에서 담요를 뒤집어쓰고 경찰에 에워싸인 채 경찰의 강압적인 견제에도 오직 하나님께만 집중하며 기도를 올려 드리고 있다.

"하나님! 우리나라를 회복시켜 주세요."

"공산주의에 끌려갈 수 없습니다."

나라를 위한 중보기도자들은 거의 다 모이시는 것 같았다.

얼굴 모습이 달랐다.

맑고 깨끗한 모습에서 이 세상에서 사는 사람들과는 다른 향기가 묻어났다. 간절히 기도하고 조용히 아무 말 없이 가신다.

이곳에 예수님이 함께하셨다.

기도에 집중하고 경찰에 에워싸인 채 선포기도를 하고 있는데 누군가가 나의 옆에 앉아 있어서 눈을 떴는데 보이지 않는다.

다시 기도하면 옆에 앉아 계신 분이 있었다.

추운 날씨에 청와대 앞 길거리에서 나라를 살려 달라고 울부짖는 당신의 자녀들을 지켜보다가 가까이 오신 것일까?

7. 중보기도하고 있는 것들

첫째, 주님께서 옆에 앉으셔서 뚜렷한 음성으로 "000이 0000 비용을 지불하지 않았단다." 하고 하소연 하신 분이 회개하신 것 같은데 그 값을 지금이라도 지불하고 이 땅에서의 선물도 받고 하늘의 상급도 받기를 중보기도드린다.

둘째, 산이 잘라져 나가고 교회가 위태로운 상황이 되는 것을 보여 준 교회 담임목사님, 교회를 유지하기 위해 온 짐을 자신의 어깨 위에 올려 놓고 동분서 주하는데 연출 형식이 아닌 주님께 신령과 진정으로 예배드리고 모든 짐을 예수님께 올려 드리기를 간절히 중보기도드린다.

셋째, 본인 안에 성령님이 안 계시면서 말로만 성령님 성령님하시는 어느 교회 담임목사님, 위상을 보여 주는 업무에서 모두 빠지고 하나님께 집중하여 성령님께서 진짜 안으로 들어올 수 있기를 기도드린다.

주님께서 시간이 얼마 없다 하셨다.

넷째, 성령 사역자로 부르지 않으셨는데 성령 사역을 본인이 하는 어느 담임목사님, 그동안의 상급이 모두 날아갈 수 있다. 주님께서 주신 사역을 하셔야 함을 깨닫게 되기를 중보기도드린다.

다섯째, 주님께서 쓰시는 젊은 사역자 ㅇㅇ 전도사 집회를 방해하신 분, 다시는 주님께서 새로운 인물을 쓰실 때 방해하는 일이 없기를 중보기도드린다.

주님!

그들에게 교회를 유지시키는 것이 중요한 것이 아니라 맡겨진 양들을 잘 인도하여 주님께 올려 드리는 것이 더욱 중요한 임무임을 그들이 마음 깊이 깨닫게 하여 주시옵고 그 업무를 제대로 못해 낼 때 본인이 어떠한 고통의 곳에서 있게 되는지 이 땅에서 미리 경험하게 하여 주옵소서.

인간들을 한없이 사랑하시는 주님!

주님의 종도 주님의 양들도 모두 경건하게 살아 주님 곁에 가게 인도하여 주옵소서.

장영주 作 | 열정 | 162×130.3cm

8. 기후, 날씨를 다스릴 수 있는 권세

[요한복음 14장 12절]
나를 믿는 자가 내가 하는 일을 하고 나보다 더 큰 일도 할 것이다.
내가 아버지께로 감이라.

이 말씀을 받았는데 가능한가?
이 말씀을 곰곰이 묵상하게 되고 주님이 이 땅에 계실 때 하셨던 말씀이 권세가 있는데?
하나님 나라에서 성숙하면 하나님 나라 권세를 행사할 수 있다니?

"예수님 안에 있는 하나님에 대해 만물이 복종합니다. 기후, 날씨를 다스릴 수 있는 권세, 하나님의 정체성으로 발휘하면 기후, 날씨, 하나님 마음에 있는 것을 선포할 때 새롭게 창출됩니다."

이 말씀을 듣고 계속 묵상하다가 기후에 대해 기도하고픈 용감한 마음이 들었다. 너무 큰 피해가 일어나는 것은 하나님께서 원하지 않으실 거란 생각이 들면서 2003년부터 기도했는데 놀라웠다.

기도 노트에서 기후에 대해 기도한 것

2004년
기후, 날씨에 권세가 있는 중보기도자들이 각자의 자리에서 열심히 기도하는 것이 전해진다. 2004년 장마 때문에 수해가 일어나지 않기를 기도하였다.

태풍 민들레, 7월 4일 오전 9시 제주 남서쪽 200킬로미터 해상에서 소멸함

하나님! 감사합니다.

할렐루야! 야호.

2008년 9월 1일

"미국 허리케인 3등급

뉴올리언스 지역 에너지 시설 위험."

CNN 뉴스를 보면서 밤을 새우며 기도하였다. 3등급에서 2등급 1등급으로 내려가고 피해 없이 지나가고 소멸했다.

할렐루야!

2009년 1월

가뭄 극심

중보기도자들이 합심하여 기도했다. 기상청에서는 4월까지 비가 안 온다고 하였으나 큰 눈, 비가 와서 가뭄이 해갈되었다.

하나님! 감사드립니다.

2015년 7월 24일

"태풍이 부산에 영향을 끼친다고 예보 됨."

부산에서 멀리 떨어져 피해 없기를 기도드렸다. 태풍 경로가 변경되어 부산에 피해 없이 지나갔다.

하나님! 감사드립니다.

2015년 11월

"가을 가뭄 심함."

기상청에서 엘니뇨 현상으로 내년 봄까지 가뭄이 예상된다고 발표했다.

"충청권은 급수제한 시작함."(11월 9일 뉴스)

기도함 … 11일 비가 옴. 40~60밀리리터를 내려 주심.

하나님! 감사드립니다.

2016년 4월 일본지진, 9월 한국지진

일본지진에 대해 한국 중보기도자들이 안전하게 선포기도하라고 댄포즈 목사님에게 전해 들었지만, 일본에 대한 옹졸한 마음 탓에 한 번 기도하고 소홀히 기도하였다.

일본에서 2016년 4월에 활성단층으로 인한 강한 지진이 일어났다. 100년 동안 지진 없었던 곳에서 지진이 일어난 것이다.

이후 한국에도 9월 12일 경주에서 5.3~5.8 지진이 일어나 사람들이 두려움에 떨고 지붕이 무너지고 담에 금이 가고 여진은 수백 차례 일어났다. 경주 활성단층 지진은 일본 활성단층과 연계돼 있다는 발표가 났다.

하나님! 죄송합니다.

기도하라고 전해 받았는데 회개합니다.

경주에서 5.8 지진이 일어났는데 서울에서도 지진이 느껴져 곧 교회 중보기도실로 달려가 선포기도하였다.

2016년 8월 지속적인 폭염

"무더위 기승 35도~40도."

물고기 폐사, 동물들이 죽어 나가고 가난하고 어려운 사람들은 더욱 고통에 처해 기도를 드렸다.

"하나님! 3도만 낮춰 주세요."

기후에 권세가 있는 중보기도자들도 열심히 기도한 것 같다. 예보에도 없던 소나기가 낮에 갑자기 내리고 3도 낮아졌다.

하나님!

감사드립니다!

사랑합니다!

2016년 간곡한 기도

가난한 사람들이 마음 편히 과일을 섭취할 수 있도록 좋은 기후를 허락하시기를 기도드렸다.

"대풍작."

중보기도자들이 합심해서 기도를 올려 드린 것 같다. 기후가 좋아 농산물, 과일, 소금까지 풍작을 이루었다. 그런데 과일 값이 30퍼센트 싸져서 농사짓는 농부들이 벼, 소금을 내다 버리는 시위를 하는 것을 보며 마음이 아팠다.

이후 몇 년 동안 기후에 대한 기도는 안 했는데 어떤 상황에서도 기도를 멈추지 말라는 말씀이 이제야 마음 깊이 들어온다.

2018년 8월 17일

"폭염, 어제 36도~40도."

뜨거운 날씨에 농산물도 과일나무도 축산물도 심각한 손해를 입고 힘들어 한다. 사람들도 무더위에 힘들어 한다.

하나님!

저희는 맑고 깨끗한 하늘, 사계절의 좋은 날씨, 안전한 땅에 대한 고마움도 생각해 보지 못하고 당연한 것으로 생각하고 무심하게 지냈는데 다 하나님의 은혜였습니다.

어제 심각한 기온에 중보기도자들이 합심해서 기도를 올려 드린 것 같습니다. 오늘 온도를 3~4도 내려 주셔서 감사드립니다.

저희 나라의 폭염이 아닌 평균 여름 기온으로 유지되게 하여 주옵소서.

2018년 8월 23일

"솔릭 위험 초속 40킬로미터, 많은 비 예상."

많은 중보기도자가 기도하였다. 22일. 23일은 철야기도를 하였다. 예보에는 "서울, 수도권 강타"라고 예보하였으나 경로가 변경되어 서울과 수도권은 비껴갔다.

강력 태풍에서 소형 태풍으로 변했다. 태풍에 무지개가 보인다. 착한 태풍 되게 해 달라고 기도드렸다.

하나님! 감사합니다.

2022년 9월 1일 아주 위험한 힌남노 태풍

극히 위험한 힌남노 태풍이 한국에 온다는 뉴스에 기도드림.

밤을 새며 기도했다,

"하나님! 저 혼자 기도하는 거예요?" 하고 물어보았다.

"아니다. 여러 명이 동시에 하고 있다."라고 말씀해 주셨다.

중보기도자들이 각자의 처소에서 동시에 밤을 새며 기도를 드리고 있다는 것을 알게 되어 안심하였다.

5등급에서 4등급으로 내려 가기를 기도했는데 태풍이 좀 약해져서 새벽4시에 잠이 들었다.

아침 늦게 일어나니 새벽에 포항이 힌남노 태풍 피해를 보았다는 뉴스가 나왔다.

기도하다 많은 중보기도자들이 새벽에 잠이 든 것 같았다.

댄 포즈 목사님 2015년 컨퍼런스에서 확증

기후가 나에게 반응해요. 기후가 계시에 따라 반응합니다.

모든 피조물에 반응을 하고 복종합니다.

하나님 나라에서 성숙하느냐에 따라 하나님의 권세를 행사할 수 있습니다.

"이미 너에게 다 주었다. 나에게 받은 것을 얼마나 인식하느냐가 중요하다."고 하십니다.

우리 안에 있는 하나님의 보호를 발견하는 것이 중요합니다.

하나님 아들에게 피조물이 복종하는 것입니다.

예수님 안에 있는 하나님에 대해 만물이 반응합니다.

제자들이 제자의 정체성을 모르는 것에 대해 불편하게 생각하셨습니다.

"폭풍아! 잠잠하라! 바람, 폭풍도 순종하느니라.

지구에 어떤 일이 일어나는 것은 하나님의 자녀의 정체성을 모르기 때문입니다.

정체성을 발휘하길 바랍니다.

하나님께서 기후, 날씨를 다스릴 수 있는 권세, 하늘로부터 들은 음성, 그 말씀 위에 견고히 서기를 기대하십니다.

2023년(산불 25군데)

2023년 우리나라에 산불이 자주 일어난다.

이때는 동시에 25군데에서 산불이 나고 있다는 뉴스가 나왔다.

"하나님! 비 좀 내려 주세요, 한꺼번에 말고요,

여러 차례에 나누어서 비를 내려 주세요, 감사합니다."

중보기도자들이 또 밤새워 기도했다.

하나님께서 비를 내려 주셔서 속수무책이던 산불이 다 꺼졌다.

"하나님! 감사합니다. 사랑합니다."

몇 달 후 태풍, 가뭄 때 밤을 새우며 기도해서 많은 사람이 피해에서 건지게 하였다.
레마를 전해 들었다.

2023년 5월
4월 비를 주셨지만 호남 남부 지역은 아직 물이 부족하다.
좀 더 비를 나누어서 내려 주시기를 기도드렸다.
많은 중보기도자가 함께 기도드린 것 같다.
비를 흠뻑 주셔서 광주가 31년 만에 제한 급수에서 벗어날 수 있었고 남부 지역 전라도 지역에 충분히 비를 내려 주셨다.
하나님! 감사드립니다.

9. 선포기도

성경과 책을 보면서 선포기도에 대해 알게 되었다. 나도 하나님 자녀인데 나도 할 수 있지 않을까 하는 생각이 들었다. 그래서 그림 작업하다가 특수 물감이 묻은 곳에 사마귀가 생겼는데 피부과 갈 시간도 내기 어려워 선포기도를 했다.
"예수의 이름으로 이 사마귀는 떨어질지어다."
몇 번하고 잊어버렸다.
어느 날 그 사마귀가 있나 생각하고 보니 좀 부드러워진 것 같아 손으로 만져 보니 빵부스러기처럼 떨어진다.
"와~ 세상에!"
그 부위는 좀 불그스레했지만, 시간이 좀 지나자, 어디가 사마귀가 있던 자리인 줄도 모를 정도로 깨끗해졌다.

아! 선포기도가 이런 것이구나 하는 생각이 들었다.

방충망에 붙어 시끄럽게 우는 매미를 향해 선포했다.

"예수의 이름으로 이 매미는 오늘 하루 동안 소리를 낼 수 없음을 선포하노라."

한 세 번 정도 선포기도 하니 매미가 맴 … 맴 … 맴 … 소리가 좀 길어지더니 매 … 에 하더니 뚝 소리가 끊어졌다.

어쩜. 이럴 수가!

논리적인 남편에게 이야기를 전하고 해보라 하니 남편의 선포기도에도 매미들이 즉각 반응했다.

와~! 선포기도 참 멋진 기도네.

몰랐었네.

산책하러 갈 때 하루살이들이 많아 선포기도한다.

"예수의 이름으로 이 하루살이들은 모두 사멸될지어다."

그다음 날 하루살이들이 모두 안 보인다. 세상에 … 하나님!

좀 더 책을 찾아 읽으면서 선포기도에 대해 더 알고 나라를 위한 선포기도도 하는데 시간이 좀 지나자 선포기도 한 대로 그대로 되었다.

와! 우리는 하나님께서 예비하신 좋은 권세도 못 찾아 썼구나!

이후 지속적으로 선포기도를 하는데 선포기도할 때 손이 얼얼할 정도로 강한 전기가 흐른다. 이후 영적으로 맑고 깊은 경지의 목사님에게 선포기도할 때 영적인 공간에 로켓을 쏘아 올리는 것 같다고 전해 들었다.

선포기도

사탄과 전혀 섞이지 않은 거룩한 사람이 온전한 믿음으로 이렇게 살아있는 사람이 선포할 때는 예수님 자신에 의해 선포될 때와 똑같은 권세가 나타난다.

댄 포즈 목사님 2016년 컨퍼런스에서 선포기도
이 땅에 일어나는 어려운 일은 선포기도함으로 재규정해야 한다. 천국의 일을 이 땅에서 행하는 사람이 있다. 천국에서 이루어진 그대로 이 땅에 이루어지도록 기도하라.

한 나라를 치유할 수 있는 능력
예언이 이루어지는 것을 보았다.
장래 일을 창출하라!
예언보다 미래를 창출해 내기를 바라신다.
새롭게 창출해 내기를 바라신다.
선포하면서 창출하라!
권세를 주셨습니다.
내가 너에게 권세를 이미 주었다.
원수와 모든 권세를 제압할 수 있게 주었다.
장래, 미래, 권세를 제압할 수 있게 주었다.
장래, 미래를 바꿀 수 있는 권세를 주었다.
너에게 이미 권세를 주었다.
에스겔을 하나님과 공동 창조로 사용하셨다.
영으로 보는 사람들이 일어나길 바란다.
하나님 마음에 있는 것을 선포할 때 새롭게 창출된다.
나는 너에게 능력 권세를 이미 주었다.
스스로 그 일을 행하라 하신다.

10. 죄에서 깨끗하라

하나님께서 당신의 자녀에게 원하시는 것이 있다.

죄에서 깨끗하라는 것이다.

자녀로 부르시고 소명을 주셔도 죄를 지으면 하나님과의 관계가 끊어진다. 중보기도자로 부르시고 얼마 안 돼 [25년 전] 나는 어떤 생각을 하고 있었다. 요즘 세상에는 죄도 아닌 것 같았는데, 즉각 성령님께서 환상을 열어 주시고 가로막고 나섰다.

그 길로 가면 안 된다고 빨강 신호등을 보여 주셨다. 이 신호등은 자녀들에게 많이 보여 주시는 사인이시다. 그것은 내가 허락하지 않는다는 뜻으로 자녀들에게 보여 주신다.

아마 나는 그 길로 가려고 생각했던 것 같다. 붉은 신호등에서 몸이 모두 불덩이인 그리고 날개는 검은색인 영적인 새가 내려 와서 천천히 나에게 오더니 나를 가로막는다.

그래도 나의 길을 가려고 하니 그 불새가 나의 발을 덮친다. 그 당시 섭씨 1,000도라고 느껴질 정도로 온도를 실제로 느꼈고 불에 타 죽는 줄 알고 소리를 지르며 깨어났다.

아 ~ 하나님의 자녀는 생각도 조심해야 한다는 것을 절실히 느꼈다.

하나님은 생각도 읽으시기에 … .

한참 세월이 지난 후에 알게 된 것은 중보기도자들은 죄를 지으면 권한이 상실된다는 것이었다. 중보기도자들은 하늘의 법정에서 변호사 역할을 하기 위해서 죄에서 깨끗해야 함을 알게 되었다. 그때 내가 본 영적인 불새는 김기창 화백이 그림으로 그리셨는데 <태양을 먹은 새>라고 제목이 붙어 있으나 그 새는 영적인 불새이다.

김기창 화백님도 상당한 영적인 깊이에 이른 분이셨다는 것을 알게 하셨다. 중보기도자들은 처음에는 지인, 다니는 교회의 상황에 대해 기도하게 하신다. 다급한 상황을 음성으로 환상으로 사진으로 알려 주시고 기도하게 하신다. 지속해서 순종하면 중보기도의 용사로 올려 주시고 좀 더 높은 단계의 기도를 하게 하신다. 다른 사람을 위해 대신 회개기도, 금식 기도하게 하시고 또 어떤 말씀을 누구에게 전해 주라 하시는데 이 상황이 좀 어렵다.

대부분 중앙선을 넘지 말라는 경고이기 때문에 이 역할을 꺼리게 되는데 주님께서는 "네가 그 말을 전하지 않으면 그가 회개하지 않은 죄를 너에게 물을 것이고 네가 전했는데 그 사람이 회개하지 않으며 그에게 책임을 묻는다."고 하신다.

말을 전하면 대부분 또 다른 중보기도자에게도 같은 말은 전해 들었다고 한다. 두 명 정도 중보기도자를 보내시는 것 같았다. 주님의 말씀을 전해 주어도 중보기도자에게 험하게 나오는 목사도 있었다. 하나님 말씀을 전하고 봉변당하는 상황을 만나도 그저 말없이 조용히 있어야 한다.

주님께서 그 교회에서 나오라 하실 때까지 있어야 하는데, 이 상황을 중보기도자들은 견디기 힘들어한다. 이때 나에게 주어진 자리를 끝까지 지켜야지 하는 생각이 드는데 이것은 나의 생각이 아닌 것 같았다. 이 정도의 수준에 이르면 주님께서는 "이기는 자"로 인정하시는 것 같다.

이때쯤 언약을 맺으시고 새로운 이름도 주시고 더욱 기름을 부어 주신다. 그때 주님께서는 그 중보기도자에게 나라를 위한 기도의 권한을 주신다. 이런 경지가 되면 중보기도자들은 놀라움을 금치 못한다.

아! 이런 기도에도 이렇게 응답하시는 것을 볼 수 있기 때문이다.

점점 부담스럽고 조심스럽지만 부르시는 자리에서 떠나면 안 된다. 그 자리에 오르기까지 그만큼의 돌보심과 성숙함의 시간이 흘렀기에 그 자리를 끝까지 지켜야 한다.

이후에 하나님께서는 하나님의 보좌 회의에 참석하기를 초대하신다. 이런 하나님의 보좌 회의에 참여하는 사람은 극소수이지만 이런 사람들은 이 나라에서 일어나는 일에 대해 하나님께 의견을 말할 수 있고 그 의견을 들어 주신다.

소수의 영적 정부의 사람들이 나라를 위해 기도할 때 함께한다. 하늘에 권한이 있는 사람, 올바른 행위, 올바른 옷을 입고 하늘에서 일을 할 수 있을 것이라고 말씀하신다. 의롭지 않고는 어떤 영향력도 발휘할 수 없고 의로운 자의 기도는 역사함이 크며 의로운 자는 하늘 법정에서 강구할 수 있는 권한이 있다.

의인은 국가 저주에서 자유롭게 할 수 있는 권리가 있으며 의인의 역할이 큰 힘이 된다. 의인 한 명이 천 명을 대적한다면 의인 두 명은 만 명을 대적한다고 하신다.

이렇게 나라를 위한 기도의 장군들은 하나님께서 기억하실 수 있도록 그들의 어깨에 이름을 기록하고 나라 이름을 어깨에 메고 기도한다고 하신다.

어느 날 교계를 초월한 나라를 위한 중보기도 모임에 갔을 때 걷기도 불편해 보이시는 80대의 할머님들께서 지팡이를 잡고 기도 모임에 오시는 것을 보았다.

그분들의 모습에서 '아! 이분들이 평생 나라를 위해 중보기도하여 우리나라가 이렇게 축복받았구나' 하는 생각이 들었다. 우리나라는 외국에서도 중보기도자의 나라로 알려져 있다. 한국인의 기도는 하늘나라에 종을 치는 것 같다고 하시고 좀 더 기도의 자리가 성숙해지면 하늘에 로켓을 쏘아 올리는 것과 같다고 전해 들었다.

이미 소천하신 중보기도자의 기도로 하나님의 손이 우리나라 위에 있는 것이다.

*북한 문제: 이미 평양에서의 기도 운동이 있어서 기도가 이제 상달될 것이다. 주님께서는 평양에 야곱의 우물 뚜껑을 열 것이라고 하신다. 각자에게 주신 소명을 '죄에서 깨끗한 자'의 자리를 지키며 그 소명의 길을 끝까지 걷기를 기도드린다.

수많은 중보기도자의 기도로 내 나라 한국에 하나님의 영광의 빛이 비치는 것을 바라본다.

울컥한다. 눈물이 쏟아져 나온다.

찰리 샴프 목사를 통하여 주신 말씀
나라를 치유하는 기도 운동을 이끌었던 세대들의 씨앗이 심겼고 나무가 심겨 있다. 그들이 기도한 것을 너희가 살게 될 것이다. 과거에 기도, 중보에 대해 가르친 것, 강한 기사, 치유 기적이 전국에서 일어날 것이다. 열방을 치유할 것이다.

중보 성령의 바람이 분다.

이 바람이 열방으로 보내질 것이라고 전해 주었다.

> [요한복음 2장 26절]
> 이기는 자란 곧, 내일을 끝까지 지키는 사람에게는 민족들을 다스리는 권세를 주겠다.

> [요한복음 6장 14절]
> 그들은 오래전에 황폐한 곳을 쌓으며 오랫동안 무너져 있던 곳도 세울 것이다. 황폐한 성읍들을 새로 세우며 대대로 무너진 곳을 다시 세울 것이다.

11. 박근혜 대통령을 위해 기도할 때 전해 주신 것

하나님께 여성 박근혜 후보가 대통령 당선을 허락해 주시기를 간절히 기도드렸다. 중보기도자가 여성이 많아 모두 열심히 기도하였다. 선거 몇 개월 전 상황은 별로 좋지 않은 상황이었는데 주님께서 환상을 보내 주셨다.

2012년 8월 환상 주심

접은 쪽지 같은 것이 하늘로 계속 올라간다.

푸른 하늘 흰 구름 있는 곳으로 올라가고 더욱 높이 오르더니 우주 같은 창공인지 그런 하늘로 그 쪽지가 계속 올라가는 모습을 보여 주셨다.

그 접은 쪽지가 기도라고 전해졌다.

하나님!

이것은 무엇을 뜻하는 것입니까?

하고 물어보았다.

그 이튿날 나의 얼굴 뺨 쪽에 날카로운 것이 쭉 그려지는데 아픔도 느껴진다.

피도 나는 줄 알고 가족에게 보여 주니 피는 안 나온다고 한다.

하나님!

박근혜 후보가 뺨에 테러당한 것을 상징하는 것입니까?

하나님! 감사합니다.

이후 교회 중보기도 팀 목사님에게 편지로 적어 알렸다.

투표일에도 빨리 마치고 교회에 가서 지지자들 모두 투표하게 이끌어 달라고 기도드렸다.

박근혜 후보가 하나님의 은혜로 당선되셨다[2012년 12월].

당선되신 후에도 열심히 중보기도 해야 했는데 개인전 준비로 바빠서 나라를 위한 중보기도가 소홀해졌을 때 박 대통령이 탄핵을 당하시고 온갖 수모를 당하신 후에야 다시 기도드리는 어리석음을 범했다.

구치소에 계시는 모습이 너무 안쓰러운데 어느 날 주님께서 환상을 보여 주셨다.

2019년 11월 환상

환상에서 가정집에서 방문을 열고 우아하게 나오시는 모습을 보여 주셨다. 기도팀에게 알렸다. 이후 박 대통령께서 구치소에서 나오시고 지방에 집을 겨우 마련하셨다는 뉴스가 나왔다.

건강이 염려된다.

하나님!
박근혜 대통령 쉽지 않은 상황의 가정에서 정치판에서
얼마나 외롭고 힘들게 살았는지 주님께서 아십니다.
주님께서 박근혜 전 대통령을 만나 주시고
품어 주시기를 간절히 기도드립니다.

이제 기도를 쉬지 말라!
바쁠수록 기도하라는 말씀이 가슴 깊이 전해 온다.
나라를 위해 기도하라!
주님께서 주목하여 전해 주신 사람들의 기도를 쉬지 않고 할 수 있게
주님께서 중보기도에 더욱 기름 부어 주옵소서.

12. 새

까치와 고양이

까치들이 동그랗게 모여 있다.
"까치가 회의하는 것 같은데요."
"그래요? 호호, 새들이 회의한다고요?"
이후 또 까치들이 동그랗게 모여 있다. 가운데 고양이 한 마리가 있다.
네가 아까 본 새끼 까치를 물어 뜯은 고양이구나!
고양이는 가만히 엎드려 있다.
까치들에게 혼나는 중이다.

꿩

산책하는 공원에 언젠가부터 꿩 소리가 들린다.
이 서울에서 꿩이?
"그래 꿩아! 네 모습 좀 보여 주라."
꿩은 내가 다니는 산책로 계단 입구에 당당히 서서 "꿩, 꿩" 한다.
이 꿩 상당히 당당하고 자존감이 있네!
"그래 꿩아! 반갑다."
어느 날 꿩의 소리에 위축감이 든다.
"끙~ 끄응"
왜 그러지?
가까이 가서 관찰하니 까치들이 모여서 한 마리씩 꿩의 머리 위로 올라가서 기선을 제압한다.
"너희 까치들 꿩 괴롭히지 마!"
몇 번 까치들을 혼내 주었지만, 한동안 꿩이 안 보인다.
"하나님! 이 공원에 까치가 너무 많아요.

까치가 다른 새들 못 살게 굴어요.
까치 좀 줄여 주시고 꿩이 다시 이 공원에서 살게 해 주세요."
꿩들이 다시 나타났다. 가족도 보인다.
"그래 너희 다시 왔구나!
내일 친구에게 너희들 보여 준다고 했거든 내일 12시 반에 이곳에 나와 줄래."
친구에게 "꿩들에게 이곳에서 만나자고 했거든 나올 거야."
좀 있으니 꿩들이 보인다.
"정말, 서울 시내 공원에 꿩이 있네!"

예쁜 새
이 새는 우는 소리가 곤충 소리 같다.
그런데 털의 색상이 아름답다.
청회색, 연보라색 깃털도 아름답다.
"애들아! 너희 우리 아파트 단지로 이사 오렴.
나무도 많고 과일나무도 있단다."
"하나님! 그 예쁜 새 우리 아파트에 와서 살게 해 주세요."
얼마 후 그 새들이 아파트 단지에서 보인다.
"그 새들 우리 아파트 단지로 왔어!
지인에게 보여 주니 "진짜 우리 아파트 단지로 왔네"라고 한다.
화실 앞 창가에서도 날아다니는 모습이 보인다.

등산길에 도움을 청하는 새
등산을 오르는데 가파른 곳에 한 명씩만 올라갈 수 있는 좁은 길이다. 한 명 올라가고 기다리고 또 한 명 올라가는 길인데 나뭇가지에 새 한 마리가 계속 앉아 있다. 내 차례가 되어서 올라가려는데 그 새가 도와 달라고 소리 지른다.

"무엇이지?

이 새가 도와 달라고 하는데 무엇인지 모르겠어요?"

남편이 주변을 찾아보며 "여기 새끼 새가 덤불 속에 떨어져 있네" 하고 꺼내 주니 어미 새에게 날아간다.

새가 또 무어라 표현한다.

사람들이 "아! 우리도 이 말은 알아듣겠어요, 고맙다고 하네요." 한다.

13. 응답하시는 하나님

하나님! 저 나무에 달린 살구 먹고 싶어요

남편과 공원을 산책하고 있을 때 언덕 위의 살구나무에 예쁜 살구가 보여 하나님께 여쭈었다.

"하나님! 저 살구가 먹고 싶은데 여기 공원이라 따면 안 돼요?"

그때 언덕 위에 있는 살구나무에서 포물선을 그리며 살구 두 개가 천천히 내려와 나의 운동화 앞에 살포시 내려앉는다.

"여보, 주님께 기도드렸더니 살구를 보내 주셨네!"

"아~ 익으면 떨어지는 거지."

"떨어질 정도로 익은 상태가 아닌데 저 언덕 위에서 여기까지 떨어지는데 구르지도 않고 내려와요?"

"여보, 우리 하나씩 먹읍시다."

"하나님께서 당신한테 주셨으니 당신 다 드시구려!"

화실

"하나님!

저 새로운 화실을 주세요.

가족들이 지나가면서 제가 화실에 있는 것을 알 수 있게 집으로 가는 길가에 있으면 좋겠고요.

바닥에 놓고 작업하니 바닥에 온돌 마루가 다 깔려 있으면 좋겠고요.

탕비실이 넓었으면 좋겠고요.

한 층을 혼자 썼으면 좋겠고요.

시설 프리미엄이 없으면 좋겠고요.

새 화실에 필요한 비용도 새로 주세요."

옆에서 듣던 자녀가 한마디 한다.

"엄마! 하나님은 바쁘신 분이셔요.

우리 엄마는 순진하셔서."

얼마 후 콜렉터 한 분이 연락하셔서 작품을 보고 싶다고 하시더니 대작 여러 점을 사고서 입금하였다.

집 앞 부동산에 가니 "프리미엄이 있던 사무실이 어제 권리금 없이 그냥 나왔는데 한 번 보세요. 마음에 드실 거예요."라고 한다. 문을 여니 온돌마루가 다 설치되어 있고 탕비실도 넓고 한 층은 혼자 쓸 수 있게 되어 있었다. 가족들이 집으로 가는 길목에 위치한 건물이다.

자녀에게 전화했다.

"기도한 그대로의 사무실이 있단다. 한 번 와서 보렴."

와서 보더니 어안이 벙벙한 지 한동안 아무 말이 없다.

이 화실에서 몇 년 동안 편한 마음으로 작업에 몰두할 수 있었다.

"하나님! 기도에 응답해 주셔서 감사드립니다."

하나님! 비 5분만 멈추어 주세요

아파트 단지 정문 앞에 있는데 갑자기 비가 더 강해지기 시작했다.

"엄마 이 비는 그칠 비가 아니에요. 빨리 뛰어가야 해요."

"싫어. 나 하나님께 비 5분만 멈추어 달라고 기도할 거야."

엄마를 어이없게 쳐다보더니

"네. 그러세요. 저는 뛰어갈게요." 하고 뛰어간다.

"하나님! 저 우산이 없는데 비가 많이 와요. 이 비 5분만 멈추어 주세요." 하고 기다렸다.

조금 있으니 비가 멈춰 집으로 가니 엄마 비 맞고 오셨냐고 한다.

"아니, 기도드렸더니 비를 멈추어 주셨단다."

"밖을 보렴"

"정말이네요."

다시 기도드렸다.

" 하나님! 우리나라가 가뭄인데 비를 내려 주세요."

얼마 후 다시 비가 내리기 시작했다.

기도에 응답하시는 하나님의 실제 상황을 보고 난 후 아이는 교회를 다니겠다고 한다.

하나님! 예술의전당에서 개인전을 하게 해 주세요

"하나님! 저 예술의전당에서 개인전을 하게 해 주세요."

"저 내년 3월에 미국 미술관 전시와 같은 기간에 개인전을 하게 해 주세요."

지원 서류를 냈는데 떨어졌다. 그래도 열심히 기도드리고 열심히 개인전을 준비하였다. 개인전을 하기로 하신 화가 분이 갑자기 사정이 생겨 개인전을 못하게 되어 다시 심사한다는 공지가 뜬다.

다시 서류를 내어 내가 개인전을 할 수 있게 되었다.

"하나님! 감사드립니다.
예술의 전당에서 개인전할 수 있게 해 주셔서 감사드립니다."

14. 이기는 자

주님께서는 이기는 자가 필요하시다.
자신에게 주어진 사명의 자리를 굳건히 지켜내는 자, 이기는 자에게는 새 이름, 흰돌[죄를 사하여 주는]을 주겠다. 이기는 자는 생명책에서 이름을 지우지 않겠다고 하신다.

> [요한계시록 2장 7절]
> 이기는 사람에게는 내가 하나님 낙원에 있는 생명 나무의 열매를 주어서 먹게 하겠다.

> [요한계시록 2장 17절]
> 귀가 있는 사람은 성령이 교회들에 하시는 말씀을 들어라.
> 이기는 사람에게는 내가 감추어둔 만나를 주겠고 흰 돌도 주겠다.
> 그 돌에는 새 이름이 적혀 있는데
> 그 돌을 받은 사람에는 아무도 그것을 알지 못한다.

> [요한계시록 2장 26-29절]
> 이기는 사람 곧 내일을 끝까지 지키는 사람에게는 민족들을 다스리는 권세를 주겠다.
> 그는 쇠지팡이로 그들을 다스릴 것이고 민족들을 마치 질그릇 부수어지듯 할 것이다.

이것은 마치 내가 나의 아버지로부터 권세를 받아서 다스리는 것과 같다. 나는 그 사람에게 샛별을 주겠다.

이기는 자가 해야 할 일

악한 영을 파쇄하고 전 세계에서 이기는 자들이 선포기도하면 하나님께서 칼로 내치신다. 마귀 9개 머리가 동시에 잘리고 그 안에서 10억 인구들이 나온다. 믿음을 가지고 역사하시는 하나님을 믿어야 한다. 믿음이 중요하다.

예수의 이름의 권세로 주님의 보혈로 새 노래로 찬양하라.

15. 이명박 대통령에 대해 보여 주신 것들

중보기도자는 늘 하나님의 뜻이 어디에 있는 것일까?
늘 섬세하게 귀 기울인다.
자기 뜻, 생각이 아닌 인도하여 주시는 대로 기도드리기 위해서 … .
전쟁위기설이 돌 때, 국가적으로 혼란할 때, 가뭄이 심할 때, 여러 상황에서 잠을 줄이며 기도드린다. 개인 기도자가 원해서라기보다는 기도자로 부르셨기에 순종하는 마음으로 나라를 위한 기도를 하게 되는데, 이명박 대통령에 대한 환상을 보여 주신 것을 기록해야 한다는 부담감이 든다.

이명박 대통령이 후보 시절

미국 산볼츠 목사님에게 먼저 천사와 하늘의 메시지를 보내셨다. 이 상황을 한국 중보기도자들에 전달되었고 우리는 중보기도하였다. 이때는 하나님께서 이명박 후보를 대통령으로 당선되는 것으로 인도하셨다.

한국의 금융위기 관리에서 보여 주신 환상

이 대통령 재임 시절에 한국이 금융위기 상황에서 경제적으로 극심한 어려움에 있었다. 중보기도자들은 한국이 경제적으로 어려운 이 상황에서 벗어나기를 간절히 기도드렸다. 다른 중보기도자들도 주님으로부터 무언가 받았겠지만, 나에게는 환상을 보여 주셨다.

커다란 모래사막에 나는 맨발로 골짜기 같은 곳에 서 있는데 물줄기 같은 것이 졸졸 흘러내리기 시작했다. 이후 빗방울이 한 방울 한 방울 넓은 사막 위에 떨어지더니 그 건조한 사막이 물에 촉촉이 젖어 들게 되었다. 환상을 보는 순간 '아! 우리나라의 경제적인 어려움이 풀어진다'고 하는 생각이 들었다. 이후 한국은 경제적인 고난에서 비교적 빠른 시기에 벗어나는 것을 볼 수 있었다.

이 대통령 퇴임을 앞둔 시기에 주신 환상

이때는 화실에서 쉬고 있는데 갑자기 화실 바닥에서 천장까지 이명박 대통령의 얼굴 모습을 보여 주셨다. 보통 기도할 사람을 알려 주실 때는 명함판 사진 크기로 보여 주시는데 이때는 너무 크게 보여 주셔서 무섭고 놀라서 한동안 뒤돌아서 있었는데 다시 보니 환상이 그대로 있어 마음을 잡고 중보기도하였다.

2018년에 보여 주신 환상

이때는 언론에서 이명박 대통령에 대한 뉴스가 넘쳐나고 구치소에 들어가게 되었을 때인데 어떤 부분을 대신하여 회개기도를 올려 드리고 난 후 환상을 보여 주셨다. 환상 중에 철조망이 한 가닥 보였고 이명박 대통령께서 안쪽에서 철조망 넘어 밖으로 뛰어나가는 것을 보여 주셨다.

2022년 기도

하나님!

억울한 박근혜 대통령, 이명박 대통령을 완전히 석방해 주옵시고 명예도 회복시켜 주옵소서!

두 분 대통령 재임 시절 정부 관료분도 모두 석방하여 회복시켜 주옵소서!

하나님께서 중보기도자의 프로그램을 먼저 주시고 쓰시면 얼마나 좋을까 하는 생각이 든다. 이명박 대통령 퇴임을 앞둔 시기에 그렇게 커다란 얼굴 모습을 환상으로 보여 주셨는데 기도가 부족한 것은 아니었을까 하는 생각이 든다.

어떤 정치인을 보여 주실 때는 지속해서 하나님께 주파수를 맞추고 기도를 드려야 한다.

16. 정치인을 위한 기도할 때 전해 주신 것들

예전 대통령 선거 때는 안철수 후보를 당선시켜 달라고 기도드렸는데 환상을 하나 보여 주셨다. 안철수 후보가 황금색 반투명 두루마기 같은 옷을 입고 지나쳐 앞으로 걸어 나가면서 자신이 자신에게 흰 꽃을 뿌리는 것을 보여 주셨다. 이때는 문재인 후보가 당선되었다.

윤석열 후보가 당선 되게 해 달라고 간절히 기도드렸을 때 주신 환상이다. 윤석열 후보가 머리 위의 부분과 이마만 조금 보여 더욱 열심히 기도하였다. 윤석열 후보의 얼굴이 점점 달처럼 떠오르는 것을 보여 주셨다. 선거일은 위험해서 밤을 새우며 기도하였다. 새벽에 근소한 표 차로 윤석열 후보가 대통령에 당선되었다.

　황교안 의원이 총리가 되기 어려운 상황일 때 중보기도를 드렸고 총리가 되는 것을 보았다.
　난 예전에 광화문 수입 쇠고기 반대 시위 때 시위 군중에게 갇힌 적이 있었다. 갑자기 차도로 몰리면서 나의 차는 시위 군중들에게 포위되었다.
　너무 놀라 "하나님! 하나님!"만 불렀을 때 어떤 남자분이 화난 군중들 앞으로 나오더니 "이 차는 보내줍시다." 하니 사람들이 다 비켜 주어 화실로 간 적 있었다.
　그런데 갑자기 주님께서 그 상황을 그림으로 그려라 하셔서 그 그림을 그리다가 식당에 가서 밥을 먹는데 식당 TV 뉴스에 황교안 총리가 사드 반대 시위 군중에 갇혀 차 안에서 꼼짝 못 하는 장면을 보게 하셔서 화실로 가서 중보기도를 드렸다.
　나경원 의원이 집회 앞에 섰을 때 나경원 의원에게서 푸른 빛이 비치는 것도 보여 주셨다.
　윤석열 대통령, 한동훈 장관을 위해 기도하고 있는데 2023년 6월부터 원희룡 장관을 계속 보여 주시며 기도하라 하신다.

장영주 作 | 비상 | 160×130.3cm

"한국이 경제적 위기에 있을 때 기도 후
거대한 사막에 비를 내려 주시는 환상을 받고 그린 그림."

17. 중보기도자

하나님으로부터 직접 음성을 듣고 기도하는 자로 교회에 한두 명 정도 있다. 환상, 음성, 내적 증거로 하나님께서 인도하신다.

주님께서 주시는 감동에 순종해야 하고 예언적 기도를 한다.

중보기도자는 지속성, 겸손, 충성된 영, 순종, 사랑, 열정의 성품을 갖추어야 한다.

의인의 기도는 역사하는 바가 크고 휴거자의 기도는 큰 역사를 이루어낸다.

공격적인 기도, 순간적으로 적진을 파괴하는 기도자는 "주님 무엇을 기도할까요?" 하고 물어야 한다.

영적으로 민감하고 신속하게 반응을 해야 한다.

[마태복음 16장 19절]
내가 천국 열쇠를 네게 주리니
네가 땅에서 무엇이든지 매면 하늘에서도 매일 것이요.

장영주 作 | 내면의 세계 | 160×130.3cm

제4부

영적인 세계

1. 하나님의 음성, 예수님의 음성

사람마다 청력도 다르고 시력도 다 다른데 하물며 영적인 부분도 마찬가지다. 영적으로 예민하게 지음 받은 사람들도 있고 삶이 단순해서 영적인 것을 놓치지 않고 듣는 사람도 있다.

나의 경우는 영적으로 예민하게 지어 주셨고 삶도 단순하다고 생각한다. 화실에서 홀로 수십 년간 그림 그리는 삶을 살았고 세상의 일에 흥미도 없다. 젊었을 때도 텔레비전 연속극도 보지 않아 친구들과 대화도 되지 않았다. 그래서 좀 더 영적으로 예민한 것이 아닌가 싶다.

사람들은 하나님의 음성을 들었다 하면 신비주의 이단으로까지 치부한다. 그러나 하나님의 음성을 듣는 사람들은 듣는다.

나의 경우, 20대에 하나님의 음성을 들었다. 집안이 경제적으로 몰락하여 집안을 일으키고 싶어서 하나님께 기도를 드렸다. 그리고 음성을 들었다.

학원을 운영하려고 어떤 건물을 계약하고 본 교회를 가기에는 시간이 부족해서 눈에 보이는 교회에 들어가 수요예배를 드리고 있는데 "그곳이 아니다." 하는 무슨 천둥소리 같기도 하고 울림이 있는 소리가 들렸다.

나는 옆에 앉은 성도들이 나에게 한 말인 줄 알고 물어 보았다.

"저에게 무어라 하셨나요?"

아무도 말을 한 적이 없다고 했다.

그 당시 나는 영적으로 어려서 그 상황에 대해 조언받고 싶어 했으나 누구도 그 상황에 대해 명쾌하게 조언을 해 주는 사람을 못 만났다. 혼자 기도하고 묵상하고 하나님이 전해 주시는 말씀이라고 생각하여 계약했던 곳을 해약하고 인도하시는 대로 다른 곳을 계약했다.

오랜 시간이 지난 후에 그 음성은 하나님의 음성임을 알게 되었다.

예수님의 음성

예수님의 음성은 좀 더 부드럽고 다정했다.

나는 화가임에도 많은 은사를 부어 주시자 주변에서 묻는다.

"하나님께서 그림 그리는 것을 그만두고 하나님 일만 하라고 하면 어떻게 해요?"

"오랜 시간 치열하게 그림 작업을 했는데요."

나도 좀 걱정이 되기 시작했다.

나의 친구 목사들도 그런 은사는 못 받았다고 하는데?

그때 아주 부드럽고 다정한 음성으로 "나는 빼앗는 자가 아니다." 하셔서 놀라 한동안 멍하게 있었다.

나의 손이 떨어져 나가고 새로운 손이 나오는 환상을 주셔서 화풍을 바꾸었으나 처음부터 마음에 흡족한 작품이 나오지 않자 우울해져 있을 때 주님께서 분명 귀에 들리는 음성으로 말씀하셨다.

"예전 그림보다 지금 그림이 더 좋지 않니?"

또. 어느 날은 주님께서 많은 기름을 부어 주신 사역 리더가 실족하자 바로 옆에 앉으신 것같이 음성이 또렷하게 들렸다.

"OOO가 인테리어 비용을 지급하지 않았단다."

마치 하소연하듯이 말씀하셨다.

나는 주변을 둘러보았으나 주님의 모습은 볼 수 없었다. 그 사역자를 위해 중보기도할 때 통곡이 터져 나왔고 주님이 울고 계신 모습도 전해졌다.

2. 관심 가져야 하는 사항을 빛으로 알려 주심

하나님께서는 늘 새로운 방법으로 무엇을 알려 주신다.

어디를 가야 할지 몰라서 머뭇거리고 있을 때 어느 지역이 표시된 글자 주변에 빛이 비치는 것을 보고 그곳으로 갔는데 어떤 사람이 기다리다가 도와준다. 전혀 모르는 사람이었다.

버스를 탔는데 나이 많아 보이는 분 테두리가 빛이 비추어져서 누구일까 하고 쳐다보는데 수십 년 전에 알던 사람이다. 그냥 스쳐 가면 모를 수 있는 사람을 관심을 가지라고 알려 주신다.

아직 이 사람과 무엇이 연결될지는 모르겠으나 앞으로 무언가 연합해야 할 상황이 있을 것 같다.

빛나는 숫자 6을 보여 주셨다. 환상도 아니고 영적인 꿈도 아닌 실제로 의식도 있고 눈을 뜨고 있는 상태인데 숫자 6을 한동안 보여 주신다. 두께감이 있는 고딕체 숫자 6이 은빛 빗살무늬에 빛을 발하고 있어 한동안 쳐다보았다.

무엇을 뜻하는 것일까?

한동안 뜻을 알려 주시기를 기도했다.

숫자 6에 대해 전해 받았다. 하늘의 뜻이 이 땅에 이루어지는 것을 뜻하는 숫자 6이라 하셨다.

3. 찬양할 때 부어 주시는 은혜

나는 믿음, 신앙이 자라는 데 시간이 오래 걸렸다. 좀 더 일찍 이 상황을 알았으면 얼마나 좋았을까 하는 생각이 자주 든다. 특히, 찬양을 올려 드리는 것에 대해 잘 몰라 시간을 많이 흘려보냈다는 생각이 든다.

나는 어릴 때부터 노래를 마음대로 만들어 부르곤 했는데 어머니께서 "기존에 있는 동요를 부르지 왜 그러냐"고 주의를 주자 노래를 만들어 부르지도 않고 노래 자체를 부르지 않았다.

엄마가 좋아서 만들어 불러 준 노래였는데 상처받았나 보다.

이후 음악 시간도 싫어했다. 노래는 나의 인생에 없었다.

교회에서도 찬양을 부를 때 그저 가만히 남들이 부르는 것만 보고 있었다. 어느 날부터 교회에서 찬양을 부를 때마다 영적 흐름이 다르다는 것이 전해지기 시작했다. 성악가가 멋진 드레스를 입고 나와 찬양을 불러도 하나님의 임재가 전혀 없다는 것이 느껴졌고 젊은이들이 신이 나서 부르는 찬양에는 강한 임재가 전해지기도 했다.

찬양을 부르는 것이 그저 형식적인 것이 아니라는 것이 느껴져 나도 뒤늦게 찬양에 합류했다. 손에 전류가 흐르기도 하는 것이 느껴지는데 영적으로 예민한 목사님은 찬양을 부를 때 지혜를 부어 주고 계신다고 한다.

찬양을 부를 때 하나님께서 기뻐하심을 알게 되어 열심히 찬양을 불러 드렸다.

어느 날은 찬양을 부를 때 춤을 추는 정도가 아니라 막 뛰어다니며 찬양하는 사람을 불편한 눈으로 보고 있는데 그 사람 목뒤에서 황금빛 기름이 흘러 내려 놀랐다. 정말 황금 기름을 부어 주시는 것을 알게 되었다.

경건 의식, 형식적인 예배가 아닌 마음을 다해 즐겁게 찬양을 올려 드릴 때 하나님의 강한 임재, 기름 부어 주심, 치유, 지혜를 부어 주시는 것이 실제임을 알게 되었다.

또. 주님께서 찬양을 레마처럼 전해 주기도 하시는데 40대엔 <소원>이라는 찬양을 듣는데 얼마나 눈물이 나오는지 걷잡을 수가 없었다. 나의 뜻과는 다른 가사였는데 그 찬양을 들을 때 감동이 있었고 이후 세상의 야심을 내려놓는 나를 보게 되었다.

50대엔 <정금같이 나오리라>를 한 달 동안 듣게 하셨다. 상당히 부담스러운 찬양이었는데 역시 주님께서 정금같이 단련하심을 받게 되었다.

나는 가족과 함께 시간을 정해 찬양을 올려 드리는데 집에서 소수가 올려 드리는 찬양임에도 손이 얼얼할 정도로 강한 임재를 부어 주시고 천사의 깃털도 내려온다.

반듯하게 성실하게 살았는데 가라고 지목하신 교회에 가서 온갖 고통을 받을 때도 찬송을 불러 드렸다. 무어라 주님을 원망하기보다는 찬양을 올려 드려야 한다는 생각이 들어 울면서 찬양을 올려 드렸다.

찬양을 부를 때 천사들이 내려와 함께 찬양을 부르기도 하며 성령의 불이 춤추는데 촬영하면 성령의 불이 보인다는 사람도 있었고, 안 보인다는 사람도 있었고, 찬양할 때 하나님의 치유하심을, 지혜를 받는 사람들도 있었다.

찬양할 때 금 조각들이 떨어져 쌓이는 것을 환상으로 보여 주셨다. 또 전해 받은 것은 이 땅에서 진정으로 찬양을 올려 드리는 것이 재료가 되어 하늘나라에 있는 자기 집을 천사들이 짓는다고 하신다.

지금 생각은 내가 이 땅에 살아있을 때 끝까지 찬양하는 것을 지켜내고 싶은데 자신이 없다.

"하나님!
제가 이 땅에서 살아있는 동안 끝까지 시간을 정해 찬양하는 것을 지켜낼 수 있게 도와주세요.
저의 의지로는 자신이 없어요."
하나님! 찬양을 부를 때에 지혜를 전해 주셔서 감사합니다.
저는 이것을 이해하고 실천하는 데 시간이 오래 걸렸지만, 다른 사람들은 이것은 빨리 이해하고 실행하여 하나님의 은혜 속에 있게 하여 주시고, 천국의 집도 멋진 집이 지어지게 해 주세요.

감사합니다. 사랑합니다.
예수님의 이름으로 기도드립니다.

4. 잇사갈의 기름 부음과 길르앗의 기름 부음에 뜻을 알려 주시다

잇사갈의 기름 부음!
시기와 때를 아는 기름 부음이다.
주님께서 잇사갈의 기름 부음을 부어 주셨다면 시기와 때를 알 수 있다.

길르앗의 기름 부음!
길르앗 라못에서 예후에게 기름 부어 준 것 같이
주님께서 왕으로 쓰시고자 부어 주시는 기름 부음이다.

5. 영적 청소, 현실에서의 청소

어느 권사님에게 예수님께서 교회 외진 곳을 청소해 달라고 하셨다고 한다. 그러면서 더러운 곳에 악한 영이 침투한다고 하셨다고 한다.
나도 집안 곳곳을 찾아보니 이상한 조각도 있고 장식적인 술병의 술도 있었고 돼지 형상의 금도 있었다. 샅샅이 찾아내어 정리했다.
나의 화실은 전쟁터를 방불케 하는 수준인데, 화실이라 어쩔 수 없다고 생각했는데 그 말을 듣고는 꼼꼼히 정리하고 청소하고 소독한다. 집도 청소를 자주 하려고 애쓴다. 영적인 청소는 더욱 중요하다. 화실이나 집을 이사할 때 맨 먼저 예배드리고 기도드리고 찬양을 올려 드린다.

남편 쪽에서는 조상 제사를 지내는데 나는 그냥 안 가는 수준이었다. 조상 제사를 지낼 때 영적으로 악한 영이 와서 어떠한 일이 일어나는지 알려 주었다. 시누이들이 연합하여 백 년 이상 조상 제사를 지내던 것을 예배로 바꾸었다.

TV도 없지만, 가끔 유튜브는 보는데 꼭 필요한 것만 보아야겠다. 사람도 좀 정리해야겠다. 늘 부정적인 말과 한숨을 쉬는 사람, 성령님께서 사탄의 자식이라고 알려 준 사람은 정리해야겠다.

6. 마지막 때에 여성을 들어 쓰리라!

어느 날 주님께서 열린 환상을 보여 주셨다. 오랜 세월 찌든 나무 대문에 수많은 자물쇠가 달려 있었는데 젊은 여성이 힘차게 문을 열어젖히면서 밖으로 걸어 나오는 환상이었다. 기도 노트에 그려 두고 마음속에 담아 두었다.

최근 영적 목사님 몇 분도 하나님께 말씀을 받았다고 전하신다. 하나님께서 묵묵히 자신의 자리에서 최선을 다 하는 여성을 보시며 여성들의 유리천장을 제거해 주겠다고 하신다. 예수님께서 여성 사역자들에게 "야웨의 겉옷"을 내려 주신다고 하신다. 야웨의 겉옷은 케더린 쿨만이 입은 겉옷이라 하신다. 한 명이 아니라 많은 여성에게 야웨의 겉옷을 주신다고 하신다.

여성들은 서로 시기, 질투하지 말고 연합하고 협력하여 주님께서 여성에게 주신 프로젝트를 잘 해내기를 기도해야 함이 전해진다. 하와의 죄로 인하여 이 땅에 어둠이 초래되었던 것을 마지막 시기에 여성들이 회복시키는 일을 하도록 하신다고 한다.

"마지막 때에 여성을 들어 쓰리라."

하나님!
중요한 시기에 여성을 들어 쓰심에 감사드립니다.
여성 사역자들에게 캐더린 쿨만에게 주셨던 야웨의 겉옷을 보내 주심에 감사드립니다.
사명 받은 여성 사역자에게 겸손의 겉옷도 보내 주시어 하나님의 사역을 끝까지 변질하지 않고 해 낼 수 있게 하옵소서!
예수님 이름 받들어 기도드립니다.

7. 말

하나님께서 기뻐하시는 것은 감사의 말이다.
나는 과일을 좋아해서 사과를 먹을 때 "하나님! 이 사과를 창조해 주셔서 너무 행복하게 잘 먹습니다. 감사합니다." 하는 기도를 자주하는데, 어느 날 주님께서 하늘의 향기를 보내 주셨다. 과일 향기였다. 이 땅의 과일 향기와는 비교도 안 될 정도의 너무나 향기롭고 행복한 천국의 과일 향이었다. 식사 전의 기도도 과일 하나 먹을 때의 기도도 하나님은 다 듣고 계심을 다시 한번 전해 받았다.
우리는 별생각 없이 말하고 생각한다.
우리가 하는 말과 생각이 얼마나 우리의 삶에 크나큰 역할을 하는지 이해하지도 못한 채 ….
어느 날, 내가 악한 자에 대해 강하게 말할 때 주님께서 "악한 자 때문에 네가 지옥으로 가고 있구나" 하셨다.
너무 놀랐다.

주님의 인도에 따라야지. 내 생각, 내 판단이 무엇이길래 회개기도를 드렸지만, 또 다시 악인을 볼 때 강하게 말했다.
주님은 안타깝게 지켜보고 계셨다.

주님께서 기독교 리더를 위해 중보기도하라고 정보를 주셨는데 열심히 중보기도하고는 분노가 일어나 믿을 만하다고 생각되는 선생님 한 분에게 이야기했을 때는 성령님께서 근심 어린 모습으로 나타나시며 막으셨다.
그러나 변질한 목사들에 대한 분노가 가끔 튀어나올 때가 있다. 또 "아차" 하고 회개기도를 하지만, 말을 다스리는 것이 쉽지 않다. 내가 수십 년 동안 한 중보기도의 상금이 다 날아갈 수도 있음도 전해 주셨다.

"하나님!
제가 입을 재어하지 못하여 실수를 계속하고 있습니다.
주님 저의 입을 다스려 주옵소서."

영감을 주셔서 미술작품으로 <말>에 대한 작품도 그려서 보이는 곳에 걸어 두었다.
우리는 사랑하는 가족에게 얼마나 쉽게 저주의 말로 그들의 인생을 결박하는가?
부족한 인간으로 살아가면서 우리는 말을 다스리기가 쉽지 않다. 우선 본인이 말조심을 하려고 명심 또 명심하여야 하고 실수하면 그날 잠들기 전에 회개기도를 드려 하늘의 기록 노트에 올라가기 전에 삭제시켜야 한다.
하늘의 행위록 장부에 기록하는 천사가 있으며 하늘의 행위록 장부에 다 기록한다. 감사의 말, 험담, 저주의 말 모두가 기록된다.

오래전에 한 안 좋은 말도 파쇄시켜야 한다.

"예수님의 이름으로 그동안 했던 악한 말들은 삭제하노라!"

여러 번 시간을 내어 그동안 악한 말 저주의 말을 모두 파쇄시켜야 한다.

하나님 영광을 증거하는 말, 찬양하는 말, 감사의 말 외에는 말을 거의 안 하는 것이 좋다. 말 한마디에도 심사숙고해서 내가 해야 할 말인가부터 물어야 한다.

또한, 악한 말, 저주의 말만 하는 친구가 있다면 과감히 정리하라고 권하고 싶다.

주님께서는 내게 들리는 대로 시행하리라 하셨다.

[에베소서 4장 26절]
여러분은 화를 내더라도 죄를 짓는 데까지 이르지 않도록 하십시오.
나쁜 말은 입 밖에 내지 말고 덕을 세우는데 필요한 말이 있으면 적절할 때 해서 듣는 사람에게 은혜가 되게 하십시오.
하나님의 성령을 슬프게 하지 마십시오.
모든 악독과 격정과 분노와 욕설은 모든 악의와 함께 버리십시오.
서로 친절히 대하며 불쌍히 여기며 하나님께서 그리스도 안에서 여러분을 용서한 것 같이 서로 용서하십시오.

[야고보 1장 19-20절]
누구든지 듣기는 빨리하고 말하기는 더디 하고 노하기도 더디 하십시오.
노 하는 사람은 하나님의 의를 이루지 못하기 때문입니다.

[야고보 3장 2절]
누구든지 말에 실수가 없는 사람은 온 몸을 다스릴 수 있는 온전한 사람입니다.

[시편 19장 14절]
나의 반석이시오. 구원자이신 주님!
내 입의 말과 내 마음의 생각이 언제나 주님의 마음에 들기를 바랍니다.

매일 8시에 찬양예배를 드릴 때 감사기도도 올려 드린다. 다윗의 하나님을 향한 진심어린 마음이 전해지는 성경말씀이다.

마귀의 자식은 몰라도 되지만, 하나님 자녀는 꼭 말조심해야 하며 하나님이 기뻐하시는 사랑, 찬양, 감사기도를 올려 드려 하나님께 기쁨을 드려야 하는 것이 옳다.

하나님, 예수님, 성령님은 다 감성이 풍부하신 분이다.

자녀가 잘못할 때 근심 어린 모습을 보여 주시고 잘할 때는 환한 웃음을 보여 주신다. 자녀들이 사랑한다는 말 한마디에 너무 기뻐하시고 조그마한 것에도 감사기도를 드릴 때 주님은 춤을 추실 것이다.

하나님!
이 글을 읽는 하나님의 자녀들의 입을 지켜주시고
늘 감사의 말만 하게 하여 주옵소서
예수님의 이름으로 기도드립니다.

장영주 作 | 말 | 53×45.5cm

8. 방언기도의 중요성

[로마서 8장 26-27절]
이처럼 성령께서 우리의 연약함을 도우시나니 우리가 마땅히 해야 할 방식대로 무엇을 위해 기도할지 알지 못하나!
성령께서 말로 할 수 없는 신음으로 친히 우리를 위해 중보하시느라.
마음을 살피시는 분께서 성령의 생각이 무엇인지 아시나니 이는 그분께서 하나님 뜻대로 성도들을 위해 중보 하시기 때문이라.

우리는 살아생전에 얼마만큼 하나님 나라의 법칙을 이해할 수 있을까?
사람들은 아니 기독교인들은 방언기도의 중요성을 반드시 알아야 한다. 나 역시 방언기도의 중요성을 뒤늦게 알았기에 이 상황을 기록해야 한다는 생각이 든다. 처음 방언을 받았을 때 좀 강한 방언을 받아서 거의 안 했고 도리어 "하나님 저는 강한 방언을 안 했으면 좋겠어요."라고 기도드리자 그날로 즉시 방언을 거두어 가셨다.
이후 젊은 검사가 위급한 상황이라 좀 더 강한 기도가 필요했을 때 "주님, 다시 방언기도 주세요."라고 기도드렸더니 다시 주셨다.
이번에는 부드러운 방언을 주셨다.
방언도 차례, 차례 더 높은 경지의 방언을 주시는 것 같고 영적으로 깊은 분들의 방언은 대단한 경지의 하늘의 소리 같았다. 방언기도를 좀 더 늘려 영적 근육을 키우라는 말씀을 듣고 방언기도 시간을 좀 늘려 기도할 때 내 소리 외에 어떤 진동이 있는 목소리도 들렸다. 방언을 멈추면 안 들리고 해서 성령님의 소리인가 하는 생각이 들었다.
지속해서 방언기도를 하는데 어제는 진동이 있는 종소리 같은 것이 계속 들린다. 그 상황의 하늘나라 법칙을 다 이해할 수 없지만, 예전 미국 챠브다 목사님 교회에 갔을 때 목사님 내외분이 한국인의 기도는 하늘에 종을 치는 것과 같다며 우리를 위해 기도해 달라고 도리어 한국 중보기도자들 앞에 무릎 꿇는 것을 보았다.

대단한 겸손을 소유하고 계셨다.

영적 거장들은 방언기도의 중요성에 대해 다 알고 계신 것으로 보인다. 바울도 조용기 목사님도 케빈 제다이 목사님도 원준상 선교사님도 방언기도의 중요성에 대해 말씀하셨고 본인들도 방언기도에 시간을 많이 내셨다.

성경도 방언에 대해 많이 말씀하고 계신다.

성령님께서 하나님의 뜻에 따라 기도하는 것, 우리 인간들의 소심한 사고가 아닌 하나님의 뜻에 따라 성령님께서 기도해 주신다는 것은 정말 대단한 일이 아닌가?

최근 들어서는 방언기도하다 통변으로 하나님의 뜻을 전해 듣기도 한다.

아멘! 감사합니다.

마지막 시기여서 평신도에게도 하나님께서 영적으로 더 부어 주시고 계심을 느낀다. 짧은 시간에 하나님 나라를 더 구축하려면 방언기도가 중요함을 뒤늦게 알았다.

우리는 하나님께서 준비해 두신 선물을 잘 몰라 사용하지 못하는 경우가 얼마나 많은가?

이를 절실히 깨닫는다.

9. 범죄자를 볼 수 있는 은사

나는 어릴 때부터 유독 소매치기들이 쫓아다녔는데 어느 날부터 소매치기들이 보이기 시작했다. 어느 정도의 범죄자인지도 감지가 되었다.

나는 그것을 화가로서 묵묵히 세월을 보냈기에 형성된 직관력이라고 생각했다. 그런데 비슷한 연배의 화가들이 소매치기들이 뒤쫓아 다녀도 인지를 못 하는 것을 보고 말했다.

"선생님, 왜 소매치기 앞에서 가방을 열고 그래요?"

"누가 소매치기예요?"

'나는 이 사람은 아직 멀었구먼' 하고 생각했다.

이후 어느 날 등 뒤에서 섬뜩한 악한 기운이 느껴져 뒤를 돌아보니 악한 범죄자가 아기 엄마를 노리는 것 같아 중보기도해 주었다. 이 자는 단순 소매치기를 넘어선 사악한 범죄자로 인지되었다.

이후 한참 지난 후에 주님께서 내가 범죄자를 볼 수 있는 은사를 주셨다고 하신다.

"에고, 주님께서 주신 은사를 내 자신의 내공으로 착각하다니…."

성령님! 은사주셔서 감사합니다. 죄송합니다.

고수 소매치기들을 알아보았다. 저 사람은 형사 같지 않은데 우리 같은 사람을 알아보니 조심하라고 조직원에게 말하는 것도 보여 주셨다.

은사도 또한 간증으로 전이 되는 것을 보았다. 젊은 여성이 나의 간증을 듣고 주님께 "주님! 저도 범죄자를 알 수 있는 은사를 주세요." 하고 기도드렸다고 한다. 그리고 저도 그 은사를 받았어요 하며 기뻐한다.

간증이 대언의 영임을 다시 한번 확증받았다. 마지막 시기에는 하나님께서 하나님의 자녀들에게 무궁무진하게 기름을 부어 주시고 은사를 쏟아 부어 주심을 전해 받는다.

10. 불세례

2017년 5월 12-13일

마귀의 공격으로 기도도 못 하며 거실에 힘없이 늘어져 있었을 때 "늘어져 있지 말라."는 말씀을 주시고 손과 팔이 갑자기 뜨거워지기 시작했다. 영적인 불로 느낌상 '1,000도 정도일까' 하는 생각이 들었다.

손과 팔이 뻘겋게 되고 스파크 같은 현상도 일어나는데 일상적인 삶에서 그 정도의 온도가 손과 팔에 가해지면 화상이 일어날 수준이다. 높은 온도가 느껴지고 손과 팔이 벌겋게 되는데 어떤 상황인지 자세한 것은 알 수 없었다.

2019년 6월 4일

2019년 6월, 7월에 여러 차례 불세례를 새벽 시간에 오랜 시간 동안 부어 주신다.

손과 팔꿈치까지 불에 타는 것 같다. 이틀 만에 다시 무엇 때문에 그러는지 모르겠다.

이후 아침에 깰 때 강한 임재가 전해지고 새벽 3시에 갑자기 불세례를 부어 주셔서 잠이 깨기도 했다. 그 당시는 정확한 하나님의 원리를 이해하지 못했다.

주님께서 무언가 업그레이드 해 주셨다는 생각만 전해 받았다.

답을 주심!
불의 침례라고 하신다.
불의 겉옷 사역!
이제껏 갖지 못한 능력과 은혜를 받아 나오게 된다고 하신다!

썬다 싱 - 그 발 앞에 엎드려

죄인이 성령을 받을 때 그는 불세례로 인하여 죄의 검고 더러운 것이 소멸되고 세상의 빛이 된다. 나는 그들을 통하여 나 자신을 세상 중에 나타내어 보인다.

11. 상처받은 곳에서 회복시키시는 하나님

환상을 보여 주셨다. 박스 몇 개를 차에 실어 주시고 어디로 이사[?] 가는 모습을 보여 주셨다.
글쎄?
어떻게 박스 몇 개만 들고 이사를?
어느 목사님께서 내가 받은 똑같은 환상을 전해 주신다.
어! 이것은 확증인데?
결국, 환상 그대로
나는 기도 노트 박스를 들고 내가 가장 상처받은 지역으로 오게 되었다.
'살아생전에 다시는 올 일이 없었을 것 같은 지역으로 오다니.'
이곳에 와서 우선 영적 청소, 일반적인 청소부터 시작했다. 보혈 찬송을 매일 부르고 포도주를 제사 지내던 상과 집안 곳곳 마당에도 옥상에도 뿌렸다. 그리고 조상들이 저지른 죄에 대해 알려 주셔서 대신 회개기도도 드렸다.
그런데도 악한 영이 공격한다. 좌절의 영도 있었고 가난의 영도 있고 여성을 학대하는 영도 있어서 영적 전쟁을 치르고 선포기도도 했는데 어떤 영 둘이 접근한다. 맞대서 일종의 영적 전쟁이 시작되었다.
"당신들이 조상이라면서 후손들을 지옥으로 끌고 가려고 하느냐?"
그랬더니 어둠의 영이 금방 사라져 버린다.

자세히는 모르겠지만 영적 전쟁은 끝났다는 생각이 든다.

말씀도 주신다.

"아직 부족하다. 형제 간에 화해하지 않은 자도 있고 용서하지 않은 자도 있다. 화해하고 용서하라. 밥도 같이 먹으라."

주님의 계획이 있으셨고 이 상처받은 지역으로 오자 주님의 계획이 풀어졌다. 용서, 화해는커녕 나의 기억에서 관심도 없었던 사람들을 만나서 화해했다. 논리적으로 생각한다면 억울하고 나의 입장만 고수할 수 있을 텐데 회개의 영을 부어 주시고 회개할 수 있게 해 주셨다.

또 주님께서 이기는 자라고 하시고 기름 부어 주시고 새로운 이름도 주셨지만 난 그 이름도 몰랐고 그 이름이 뜻하는 바도 이해하지 못했는데 이곳에서 자세히 알려 주셨다.

또한, 서울에서는 지속해서 인터넷 공격을 받아 글을 쓸 수 없었는데 이곳에서 글을 쓰고 완성해야 함도 알려 주셨다.

그리고 그 집을 떠나 올라왔는데 ….

백 년 이상 조상 차례, 부모님 제사를 지냈던 사람들이 추도예배를 드린다.

주님께 순종하여 온 것뿐인데… .

"주가 일하시네 주가 일하시네~"

찬양이 떠오른다.

아멘! 감사드립니다.

주님께서 하셨습니다.

예수님의 이름으로 앞으로 이 집안에 악한 영은 권한이 없음을 선포하노라!

하나님의 방법!

인간들의 생각으로는 상처받은 곳, 상처받은 사람들에 대한 기억이 없어져도 마음 깊이 상처로 웅크리고 있음을 다 아신다. 그것을 풀어 주고 화해하고 용서하고 회개하고 축복의 길을 막는 요소를 제거해 주고 싶으셨음에 감격한다.

전혀 인지하지도 못한 부분도 고쳐야 한다고 알려 주셨다.

부족한 인간들을 이렇게 자상하게 사랑으로 품어 주시다니 … .

하나님!

감사합니다.

제가 전혀 자각하지 못한 부분도 인도하여 주시고 이끌어 주셔서 감사드립니다.

이 땅에서 용서하고 화해하지 못한 상태에서 이 땅을 떠났다면 지옥에 갈 수 있었음을 이제 겨우 깨닫습니다.

감사드립니다. 사랑합니다.

제가 좀 더 영이 맑아 다른 사람들을 더 도울 수 있으면 합니다.

전해 주신 말씀이 부담이 됩니다. 그러나 주님께서 그렇게 계획하셨으므로 저는 그저 순종하여 주신 프로젝트를 이루고 이 땅을 떠날 수 있으리라는 믿음이 생깁니다.

어느 것 하나 저의 능력이라 말하지 않게 하시고 저에게 겸손의 겉옷도 허락하여 주옵소서

사랑으로 품어 주셔서 감사드립니다.

12. 성도들이 다 다른 빛으로 보이는 은사

어느 음악가가 가까이 와서 이야기한다.
"저는 사람들이 다 다른 빛으로 보여요. 어떤 사람은 환한 빛으로 보이고 어떤 사람은 새까맣게 보여요."
"성령님께서 그런 은사도 주시는군요."
"저는 그런 은사 못 받았어요."
그때 어떤 목사 커플[?]이 엘리베이터에서 내린다.
우린 말을 멈추고 가만히 있었다.
"저 사람들 목사라도 아주 시꺼멓게 보여요."
"네 저도 조심하고 경계했는데 맞는군요."
또 어느 분에게서 기독교 집회에 오는 비교적 신실한 사람들이 모이는 곳에서도 흰옷 입은 사람은 천 명에 한 명 될까 말까 한다는 이야기를 들었다.
또 신실한 신자들이 모이는 교회로 알려진 곳에도 흰옷 입은 사람이 몇 명 안 되어 충격을 받았다는 이야기도 들었다.
나는 어떤 사람 등에 주황색 반점으로 보이는 빛이 보이는 것도 보았는데 무엇을 의미하는지 몰랐다.
주님께서 성경에 나오는 색에 관해 연구하라고 하신다.
어느 날은 산책하는데 분홍, 보라, 초록, 푸른빛이 원형으로 하늘에 가득 떠 있는 것을 보았는데 아직 무엇을 뜻하는지 모르겠다. 어떤 사람에게는 냄새로 알게 하시는 은사를 받았다고 들었다. 어떤 사람에게는 향기가 나고 어떤 사람에게는 악취가 난다고 한다.
성령님께서 마지막 시기에 다양한 은사를 부어 주고 계신다.

13. 성령님의 모습을 보여 주시다

성령님의 인도함에 집중하면서 감사 인사를 드릴 수 있게 성령님의 모습을 보여 주시기를 기도드렸다.

어느 날 영적인 눈이 열리더니 나의 목 중간 부분에서 하얀 연기 같은 것이 나오기 시작한다.

뭐지?

하얀 연기 같은 것이 한동안 나오더니 사람의 얼굴 모습이 보인다. 하얀 은빛이 나는 빛나고 투명한 얼굴인데 두께감도 있으셨고 환하게 웃고 계신다. 난 너무 놀라 움직일 수도 웃을 수도 인사도 드릴 수 없었다.

성령님의 모습을 보여 달라고 해서 모습을 보여 주셨는데 너무 놀라 하니 성령님이 모습을 감추어 버리셨다. 성령님이 네 몸 안에 존재한다는 것을 알려 주시기 위해 영적인 눈을 열어서 보여 주셨다고 생각한다.

성령님께서 근심 어린 모습으로 내 앞에 서 계셨다
기독교 어느 단체의 예배에 앉아 있는데 주님의 음성이 들렸다.
하소연하듯이 안타까운 마음으로
"○○○가 … 하지 않았단다."

그때 전해지는 것은 예수님께서 넘치게 기름 부어 주셔도 리더의 죄로 이 단체가 어려움을 겪게 됨을 주님께서 안타까워하고 계심이 느껴졌다. 그 단체를 위해 중보기도할 때 통곡이 터져 나왔다.

주님께서 얼마나 기름을 부어 주셨는지 다른 사람들은 생각할 수도 없는 은사를 부어 주셨는데 하찮은 일에 넘어지다니 ….

인간적으로 안타까움이 지나쳐 그 리더가 괘씸하게 느껴졌다. 미약한 인간 주제에 리더를 판단하고 정죄하고 은사님에게 발설까지 하고 말았다.

그때 성령님의 모습이 나의 몸 밖으로 나오시면서 근심 어린 모습으로 서 계셨다. 은사님에게 제가 리더를 비난해서 성령님께서 근심 어린 모습으로 앞에 서 계신다고 말하였으나 선생님은 "나는 아무것도 안 보이는데" 하신다.

교만한 나는 즉각 무릎을 꿇고 회개기도를 드리지 못했다. 이 상황은 지금도 죄송스럽다. 죄를 지속해서 지으면 성령님이 영원히 떠날 수 있음을 뼈저리게 느꼈다.

그 리더를 위해 그 단체가 회복되도록 중보기도를 하라 하신다. 그 단체는 서서히 회복되고 하나님의 사역을 지속해서 끌고 나가고 있다.

14. 악한 영들의 전략과 공격

사람으로 이 땅에 살면서 영적인 세계를 이해하는 것은 쉽지 않다.

그러나 우리는 악한 영의 수준과 전략, 집요함, 그들의 지휘계통에 대해 알아 두어야 악한 영 마귀의 공격에 대적할 수 있다. 악한 영은 영이기 때문에 각 사람의 죄, 약점, 상처를 다 알고 있으며 각 사람에게 맞춰 계획을 세워 공략한다. 악한 영은 이미 함락한 사람은 공격하지 않는다.

이미 지옥으로 끌고 갈 수준이 되었기에 그저 잘 대해 준다.

그러나 하나님의 자녀, 특히 하나님의 사역, 일을 하는 사람은 집요하게 공격하여 하나님 일을 못 하게 하거나 하나님의 영의 인도함이 아닌 마귀가 지옥으로 끌고 갈 수준으로 만들려고 애쓴다. 상대가 강하면 하나님 일을 못하게 좌절감, 무기력, 패배감을 주려고 끈질기게 공격한다.

악한 영들도 지휘계통이 있기에 큰 지휘력을 가진 마귀, 중간 마귀, 작은 마귀들이 있다. 마귀들도 명령에 따라서 주어진 업무를 수행해야 험한 벌을 받지 않는다.

주님께서 나를 중보기도자로 부르시고 난 후 악한 영들이 나를 즉각 공격하였는데, 주님께서 미리 영분별의 은사를 주셔서 악한 영이 공격하는 모습을 볼 수 있게 해 주셨다. 기도하다 잠이 들었는데 서재의 방문을 통과하는 검은 사람 형태의 흐트러진 모습 셋이 보였고 나를 마치 의자처럼 악한 영이 올라 앉았다. 나는 가위눌림 형태가 되어 움직이지도 못하고 말도 할 수 없는 상태가 되었다.

영적으로 이것은 악한 영의 공격이고 내가 하나님의 자녀이므로 퇴출될 수 있다는 생각이 들어 "예수의 이름으로 악한 영은 떨어져 나갈지어다." 하고 선포기도를 해야함이 전해졌지만 악한 영의 공격으로 한동안 애를 쓰다 목소리가 터져 나왔다.

"예수님의 이름으로 악한 영들은 떨어져 나갈지어다!"

세 번 정도 선포기도를 하니 악한 영들이 도망갔다.

음란의 영이 있던 건물

화실이 멀리 있던 나는 하나님께 기도를 드렸다.

"하나님 제 화실이 너무 멀리 있어요. 가족들이 집으로 갈 때 제 화실을 지나갈 수 있는 곳에 주세요, 한 층을 다 쓸 수 있는 곳이 좋고요, 바닥 난방과 마루가 다 설치된 곳으로 주세요, 넓은 탕비실도 있어야 하고요 권리금은 없었으면 좋겠고요. 새 화실에 쓸 재정도 새로 주세요."

그런데 정말 그런 화실을 주셨다.

"아멘! 하나님! 감사합니다."

설치하고 작업에 들어가려는데 악한 영들이 우글거린다. 건물주에게 이전에 어떤 업종이 있었냐고 물어보니 퇴폐 이발소가 수년간 영업했다고 한다.

즉각 목사님을 모셔다가 예배드리고 난 후에도 불을 켜두고 찬송가를 계속 틀어 놓았다. 영적 청소가 끝나고 난 후 이 화실에서 많은 환상과 주님의 음성, 사인을 받았다. 영적 청소의 중요함도 이때 깨닫게 되었다.

시간이 좀 지난 후에 그 전에 썼던 화실에 가 보니 교회가 입주해 있었다.

하나님! 감사드립니다.

요즘은 주의 종, 학생, 어린 학생들까지도 음란 마귀에 장악당해 있는 모습을 많이 본다.

자살 마귀가 있던 집

교회가 멀리 이사를 간다하여 그 지역으로 이사 갔다. 높은 층이었는데 어느 날 보이지 않는 존재가 나의 귀에다 대고 "떨어져, 떨어져" 하고 말한다.

"이 존재는 뭐지?"

즉각 이 집을 샅샅이 찾아보았는데 부서진 방문이 보이고 자살을 시도했던 자녀가 있었다는 생각이 들었다. 즉각 예수의 이름으로 선포기도를 하여 자살 마귀를 쫓아냈다.

이 집은 마귀가 진 치고 있던 집이었는데 이전에 살던 사람들이 절에 가서 점을 보러 다니던 사람들이었다. 내가 그 집에서 이사를 나올 때 큰 마귀 둘이 현관에 발을 내딛고 웃는 모습을 볼 수 있었다.

더 큰 마귀들이 그 집을 다시 함락한 것이다. 자살자가 있었던 집의 가족들이 지속해서 자살하는 것은 자살 마귀의 짓거리이다.

가난의 영

조상들, 부모들이 잘못된 욕심으로 남에게 재정적으로 큰 피해를 준 경우 여지없이 후손들이 재정적으로 힘들게 산다. 가난의 영이 오랜 시간 장악하고 있지만 그 영을 다룰 줄을 몰라 가난하게 사는 모습을 본다.

그 조상, 그 부모들이 자신의 재정적인 죄 때문에 사랑하는 후손, 자식들이 힘들게 사는 것을 알았더라면 그렇게 살았을까 싶다. 이런 상황에서는 조상들의 죄를 대신해 회개기도를 드려야 한다.

그저 책을 소리내어 읽듯이 기도해서는 기도의 힘이 없다. 피해자들의 피눈물에 진정한 마음으로 속죄 기도를 올려 드려야 기도에 힘이 실린다.

그리고 난 후 예수의 이름으로 가난의 영을 쫓아내어야 한다.

지옥으로 끌고 가려고 기다리는 악한 마귀들

병원에 계신 친척 분이 허공에 대고 말하고 있다.

"너 죽은 내 동생 누구 아니냐? 어~ 000도 왔고"

하나님을 믿지 않고 돌아가셨던 사람들이 나타나고 악한 영이 기다리고 있다. 얼마 후 이분은 돌아가셨다.

하나님께 혹시 하며 여쭤 보았다.

"이분 어디에 계셔요?"

하나님을 믿지 않은 죄를 지목하여 주신다.

살아계실 때 열심히 전도해야 했었는데 가슴이 아프다.

젊은 의사

이미 병이 심각한 상황에 직면해 있을 때 치유기도를 해 달라는 연락을 받았다. 세속적으로 살다가 막바지에 이르니 치유 은사가 있는 사람을 붙들고 싶었나 보다.

그 의사가 영으로 내게 와 간절히 도움을 청하며 서 있는 모습을 보았기에 집으로 가서 치유기도를 해 주는데 부인도 가족들도 냉담하다. 치유기도 중 이 젊은 의사 앞에 검은 옷을 입고 있는 여자의 영이 팔짱을 끼고 그 의사를 노려보고 있었다. 내가 눈을 마주치려 했지만, 나에게는 눈도 마주치지 않는다.

죽음 앞에서 기다리고 있는 악한 영들!

식탐 마귀의 공격을 받다

어느 날 예쁜 쟁반에 다양한 음식이 담겨진 것을 바로 내 앞에 놓는 존재가 있었다.

'이건 뭐지?

사람은 아닌데?'

필요 이상 먹게 하는 식탐 마귀였다.

어느 날은 부풀린 빵을 먹으면 안 되는 절기에 맛있어 보이는 빵을 내 입 앞에서 한 조각씩 뜯어 나의 입에 넣어 주려는 존재가 보였다.

'어~ 이 존재는?'

역시 식탐 마귀였다.

새벽기도할 때도 가끔 식탐 마귀에게 당해 기도를 못 하기도 했다. 식탐 마귀를 거부하자 좀 더 적극적으로 입 안에 집어 넣기도 해서 뱉어 버렸다.

주님께서 영의 눈을 열어 식탐 마귀를 보여 주시기 전에는 나는 단순히 스트레스를 받으면 먹는 스타일이구나 그렇게 생각했었다.

마귀들은 위장술도 뛰어나다.

분노, 혈기의 악한 영

살아가면서 선을 악으로 갚는 자들을 만나면 분노가 일어나는데 그 상태 역시 분노의 영이 속상함을 타고 침입하는 것이다. 악한 자에게 상처를 받아도 그 상처를 털어내야 한다. 상처를 털어내지 않으면 마귀의 먹이가 된다.

용서하고, 하나님께 찬양을 올려 드리기 쉽지 않겠지만 우리는 하나님의 방법을 선택하여야 한다. 악한 자에게 이용당한 것도 억울한데 분노,

혈기의 마귀에게까지 끌려다닐 수는 없기 때문이다.

마귀의 통로가 된 사람들

하나님의 큰 프로젝트가 주어진 여성을 큰 마귀 둘이 엮어서 공격하는 것을 보여 주셨다. 그런데 큰 마귀의 통로가 된 자는 기독교인 목사였다. 하나님께서 크게 쓰시는 새로운 인물을 공격하는 자들은 대부분 시기, 질투를 가진 기독교 목사였다.

화실 문을 통과하여 들어왔던 작은 악한 영

아파트 단지 안으로 화실을 급히 이사한 후 화실 문을 통과하여 들어오는 작은 악한 영들을 보았다. 보자마자 급히 나갔다. 하나님께서는 천사들을 더 보강해 보내 주셨다.

나를 꼬집는 악한 영

내가 지갑에서 목표를 적은 것을 꺼내려 하자 작은 악한 영이 나의 손등을 꼬집는다. 한번 쳐다보고 다시 지갑을 열려 하자 악한 영이 나의 손등을 또 꼬집어서 주먹으로 내려 치려 하니 내가 가위눌림이 되었다.

"예수의 이름으로 악한 영이 떨어져 나갈지어다." 하니 떨어져 나간다.

악한 영들은 종류, 크기도 다양하다.

작은 악한 영들은 쳐다만 보아도 도망갔고, 어떤 악한 영은 내 이름을 부르며 울면서 떠나 가는 것도 보았는데 성공하지 못해 지휘계통의 큰 마귀에게 벌을 받는 것을 두려워하는 것으로 전해진다.

큰 마귀들이 연합해서 공격하는 하나님의 사람도 있었다. 악한 영들을 다 알 수는 없지만 우리는 호시탐탐 노리는 마귀, 악한 영들에 에워싸여 있음을 인지하고 단호하게 거부해야 한다.

지인 중 악한 영에 끌려다니는 사람을 보여 주시면 이렇게 선포기도를 해야 한다.

"예수의 이름으로 OOO에게 역사 하는 마귀의 권능을 깨어 버리고 그의 구원을 선포하노라."

악이 있는 이유

악이 불가피한 이유는 악이 없으면 자유의지가 불가능해지고 자유의지가 없으면 우리가 성장할 수 없기 때문이다. 즉, 우리는 앞으로 나아가고 신이 염원한 그런 모습으로 되어 갈 기회가 없게 된다. 우리의 세계에서 때로는 악이 끔찍하고 매우 강력한 것처럼 보일지라도 더 큰 그림에서 본다면 사랑이 지배적이고 궁극적으로 승리를 거둘 것이라고 했다(『나는 천국을 보았다』에서)

15. 열린 환상

요즘에는 사람들이 열린 환상을 많이 전해 받는다. 성령세례를 받고 영적으로 깊은 상태인 사람들은 열린 환상을 통해 미래에 대해 알려 주시며 염려하지 말라 하시고 어떤 방향으로 가야 할지 전해 주시기도 한다.

열린 환상은 입체 영화 스크린처럼 또렷하게 어떤 모습을 보여 주신다. 실제 자신의 시력보다 더욱 더 뚜렷하게 보여 주시는데, 자신에 대한 것도 보여 주시고 지인들, 기독교 목사, 정치인들의 모습도 환상으로 보여 주신다. 시간이 지나면 보여 주신 환상대로 되어 감을 보게 된다. 미래에 대한 실제 상황을 보여 주시기 때문이다.

어떤 경우에는 같은 환상을 다른 동료에게도 보여 주시며 전해 주어 확증시켜 주시기도 한다. 열린 환상 역시 하나님 사랑의 표시이다.

미래에 대해 어떻게 해야 할지, 자신이 어떤 길 어떻게 선택하기를 원하시는지, 지금의 문제에 대해 어떻게 될지 미리 알려 주시는 성령님의 섬세한 배려이시다.

16. 예수님께서 거지의 모습으로 나타나시다?

어떤 거지가 나를 계속 주시하고 있었다.

그런데 거지에게서 어떻게 저런 품격이 나올까?
거지인데 초월 된 성숙함이 풍겨 나오다니?
뭐지?
방송사의 연출 프로그램인가?

그러나 주변 어디를 보아도 방송 프로그램은 아닌 것 같은데 낡아 보이는 망토 같은 것을 걸친 거지는 나를 여전히 지켜 보고 있다.
다른 사람들은 왜 관심이 없지?
5,000원짜리 하나를 꺼내어 가까이 가려고 하는데 일정 거리 이상은 가기 어려웠다. 팔을 길게 뻗어서 받는다고 여전히 유심히 쳐다보며 받는다. 유심히 살펴 보니 팔이 미끈한 스테인리스 봉 같아 보인다.
곧 뒤돌아 보니 어디에서도 안 보인다.
조금 전에 그 거지, 예수님이신가요?

25년 전 예수님의 모습을 처음 보여 주실 때는 예수님의 발과 옷 밑단만 겨우 볼 수 있었고 놀라서 움직일 수도 숨을 쉬기도 어려웠다. 이후에 어떤 교회에서는 예수님의 발은 교회 바닥에 계시고 마치 거대한 탑처럼

서 계셨는데, 예수님의 머리는 하늘 높은 곳에 있으시고 교회를 내려다 보고 계셨다. 예수님의 모습이 기뻐하는 모습이 아니었다. 그 교회는 예수님과 거리가 있다고 전해진다.

어떤 지하에 있는 교회는 예수님께서 교회 안에서 밝은 빛으로 움직이는 모습을 보여 주셨다.
신자 한 명 한 명 직접 만나 주시는지?
기름 부어 주시는지?
예수님 모습도 처음에는 발 정도만 보여 주시다가 점점 더 보여 주시는 것 같다.

17. 예언

예언은 좀 조심스럽다.
'저 사람 정말 하나님의 말씀을 전해 주는 것일까?'
이런 생각도 들어 예언하는 사람들의 눈동자를 자세히 본 적이 있었다. 예언하는 사람의 눈동자 한가운데 윗부분에서 영롱한 작은 구름 같은 것이 내려오면 그 사람이 예언하기 시작했다. 이러한 상황을 여러 번 보게 하셨는데 너무 조심하고 경계를 하니 주님께서 영적인 눈을 열어 보여 주셨다.
성경에도 거짓 예언자를 조심하라는 말씀도 있고 실제로 사람을 조종하려고 자신의 입장을 예언이라고 떠드는 사람들도 있으니 조심해야 한다. 그러나 신실한 예언자들을 만나게 되면 우리에 대한 하나님의 청사진을 전해 받을 수 있어서 우리에게 주신 소명에 매진할 수 있다.

예언 받은 사람들이 조심해야 할 것이 있다. 조용히 마음속에 담아 두거나 노트에 작성해서 보는 것이 좋다. 예언을 동네 방네 떠들고 SNS에 올리고 하는 자들은 마귀의 먹잇감이 될 수 있다.

마귀가 가만히 있겠는가?

예언이 이루어진 다음에 간증하는 것이 더 현명한 태도이다.

하나님의 예언이 이루어지기 위해서 중요한 것은 자신의 삶이 하나님께 순종하는 삶, 말씀에 따르는 삶을 살아야 한다는 것은 당연한 이치이다. 하나님의 선물을 받기 위해 이런 것은 고쳐야 한다 하시면 즉각 순종해야 한다.

좋은 예언을 받아도 하나님 보시기에 악한 짓을 한다면 주님께서 그 예언을 보류하실 것이다. 고집을 부린다면 주님께서 주시려고 한 선물을 이 땅에서 영원히 못 받을 수 있다. 하나님 말씀을 따르는 순종하는 삶을 살며 자신의 예언에 대해 선포기도하고 미리 감사기도도 드리면 좋다.

주님께서 주시기로 한 선물도 받고 주님의 일에 협력하고 순종하며 늘 겸손한 자세(글쎄, 인간들이 하나님 앞에서 뭐 그리 교만할 건덕지가 있을까?).

그렇게 사는 것이 하나님의 자녀로서 지혜롭게 사는 것이 아닐까?

또 예언이 이루어지기까지 시간이 필요하다. 하나님께서 보시기에 그릇이 되고 때가 되었을 때 예언을 풀어 주실 것이다.

선지자가 어떤 지역이 위험하다고 예언을 받아 말을 전했을 때 기후에 대해 권세 받은 기도자들이 합심하여 기도하여 재앙을 면하는 경우가 있었다. 그때 그 선지자를 거짓 선지자라고 매도하는 한국 목사를 보았는데 하나만 아는 것이다. 합심하여 선을 이루는 하나님 나라이다.

18. 우리를 돕는 천사들

하나님께서는 믿는 자녀들에게는 착하고 아름답고 멋진 천사를 붙여 주신다. 보통 천사 두 명이 배정되는데 하나님 일을 많이 하면 할수록 더 많은 천사를 보내 주시고 더 높은 계급의 천사를 보내 주신다. 우리가 못 느껴도, 못 보아도 천사들은 우리를 정확히 보고 보호하고 도와준다.

얼마나 감사한가?

하나님 감사합니다.

내가 천사의 존재를 처음 인식한 것은 중보기도자로 부르셨던 40대 때였다.

목사이던 친구의 보호 천사가 나에게 큰소리로 다급하게 외쳤다.

"손 선생 좀 도와주세요!
손 선생 좀 도와주세요!
손 선생 좀 도와주세요!"

그런데 남편은 아무 소리도 안 났다고 한다?

하나님께서 기대하셨던 그 친구의 집에 악한 영들이 불을 지른 것이었다. 나는 그 당시 중보기도자에 대한 지식이 없었고 그 소리는 누가 전해 주는 것이며 그 당시 나는 무엇을 해야 했는지 몰랐다.

한참 지난 후에야 그 친구에게 연락을 취하고 중보기도하고 그 친구를 경제적으로 도와야 했음을 뒤늦게 인식했다. 그 당시 우리 둘은 신앙적인 깊이의 차이가 있었던 시기였는데, 사람에 대한 나의 판단과 하나님의 시각은 다름을 알게 되었고 무조건 하나님의 뜻에 따라야 함을 뒤늦게 깨달았다.

천사가 위급한 상황에서 도와주다

어느 날 나는 높은 둔덕에 걸터 앉아 멍하게 생각에 빠져있다가 뒤로 넘어지게 되었다. 넘어지면서 이렇게 넘어져 죽으면 다행인데 장애라도 생기면 어떻게 하나 하는 생각이 들었다.

그때 보이지는 않는 어떤 존재가 나를 가볍게 안고 엉덩이부터 내려 놓고 머리는 손으로 받쳐 천천히 내려 놓는 것이 정확히 느껴졌다.

그 당시에 나는 그 존재가 보이지 않는 천사인지 인지하지 못했었다.

천사의 깃털이 떨어지다

2015년부터 집에서 하얗고 작은 예쁜 깃털이 여러 개씩 보였다.

그렇게 작고 예쁜 깃털이 어디서 나왔을까?

나는 오리털 침구, 패딩을 뜯어 보았다. 그곳에 있는 털은 가공했거나 큰 털이고 색상도 그저 그런 색이었다.

이 깃털은 무엇이지?

어느 날 집에서 기도 노트에서 중요한 부분을 녹음하고 있는데 방안 허공에서 바람이 느껴지더니 하얀 깃털 3개가 떨어진다.

마치 마술처럼···.

이후 영적 거장들의 컨퍼런스에서 천사의 깃털이 수십 개 떨어지는 것을 보고 어떤 이에게는 황금색 천사의 깃털을 보내 주시는 것도 보게 되었다. 2017년부터는 화실에서도 천사의 깃털이 떨어지고 있다.

그러면서 전해 주시는 것은 천사의 깃털이 떨어지는 것은 주변에 천사가 있다는 증거다. 감당할 수 없는 축복을 부어 주리라. 형통의 천사를 풀어 표적을 보여 주셨을 때 믿음으로 나아갔기 때문이다.

할머니 모습으로 나타난 천사

주님께서 가라 하셨던 교회가 고통스러워 주님께서 "이제 그 교회에서 나와라." 하시지도 않았는데 나와서 다른 교회에 갔다. 다른 교회에 갔을 때 할머니 한 분이 인사를 건넨다.

"안녕하세요?"

그리고 무슨 말도 하셨는데 낯선 사람을 경계하는 스타일이라서 모른 척했다. 그 교회 본당 앞에서 내 앞에 서 계셨던 할머니가 안에서 딸각 소리가 나더니 할머니가 들어가시고 안에서 환한 노란빛이 퍼져 나온다. 뒤이어 내가 들어가려고 하니 문이 잠겨 있다.

아니, 바로 방금 할머니가 들어가셨는데 교회 사무실에서 나와서 문을 열어 주었다. 안에 들어가니 불도 꺼져 있고 할머니도 안 보였다.

"아니, 할머니가 들어가셨는데."

돌아와서 난 기도를 드렸다.

주님께서 "내가 그곳으로 보냈다." 하셔서 다시 가라 하신 그 교회로 갔다. 그 교회는 점점 더 심해져 갔고 중보기도할 때 염탐꾼을 옆에 붙여 여러 번 자리를 옮겨 기도했는데, 중보기도자가 불편한지 나가라 했다.

2022년 서울에 폭우가 쏟아져 피해가 컸던 상황

화실 CCTV를 보는데 모든 조명이 다 꺼져있는 상태에서 계단실에 둥근 빛이 달처럼 떠 있다. 조금씩 움직이기도 한다.

이 빛은 무엇일까?

폭우가 끝난 3일 후쯤 나가보니 옆 계단의 교회 쪽은 물이 흥건히 고여 있고 천장 쪽에서 물이 뚝뚝 떨어진다. 나의 화실 옆 사무실도 천장 판넬이 떨어지고 바닥에 물이 흥건히 고여 있다.

"아! 어쩌나?"

급히 나의 화실로 가니 화실은 안전했다.

바로 옆 사무실들은 홍수 피해를 모두 보았는데 ….
CCTV 녹화를 떠서 영적인 사람들에게 보여 주었다.
"천사의 빛이에요. 천사가 도와주었어요."
"휴우!"
하나님! 감사합니다.

천사의 불빛
천사들이 올 때 하나님의 공급이 있다.
둥근 빛으로 보일 때 그들이 가지고 오는 은사, 기름 부음이 있다.
2015년 초록빛, 파란빛, 둥근 형태의 빛이 계속 따라다닌다.
무엇이지?
초록빛은 새로운 출발과 번영을,
파란빛은 예언적 계시를,
금색빛은 영광을
흰빛은 순결을 뜻한다고 한다.
천사의 존재를 알고 나서 디자인과 색상이 멋진 천사 전용 의자를 마련하고 천사 인형을 붙여 놓았다.
천사님! 쉴 때 이곳에서 편히 쉬세요.
하나님! 천사를 보내 주셔서 고맙습니다.

19. 주님께서 손을 잡고 계셨다

예언하시는 분들이 "주님께서 손을 잡고 계셔요." 하는 예언을 몇 번 들었다.
"그래요."

그냥 웃고 말았다.

그런 마음으로 살라는 뜻인가보다 하고 넘어갔는데 2021년 새벽에 누군가 나의 손을 계속 잡고 있었다. 따뜻한 온기도 전해진다.

이 기도방에 나 혼자 있는데 눈을 떠보니 아무도 없다. 그런데도 따뜻한 온기와 보이지 않는 존재가 계속 손을 굳게 잡고 있다.

무엇일까?

그때 주님께서 손을 잡고 계신다는 예언이 생각나고, 말씀도 주셨다.

[이사야 41장 13절]
나는 주 너의 하나님이다. 내가 너의 오른손을 붙잡고 있다. 내가 너에게 말한다. 두려워하지 말아라. 내가 너를 돕겠다.

프랭클린 목사님 통하여 전해 받음

여호와께서 권능으로 내게 임재하시고 여호와의 손이 네게 임한다는 것은 아베스의 기도에 나옵니다(역대상 4장 10절).

먼저 낮은 곳으로 이끄시고 골짜기를 통과하도록 이끄십니다.

그래서 낮은 곳에 있는 사람들을 이해하고 관심을 두도록 하십니다.

우리 인생 여정에서 하나님께서 당신을 겸손케 하십니다.

여호와의 손이 내게 임하는 이유를 알아야 합니다.

우리는 모든 것을 우리 스스로 할 수 없습니다.

여호와의 손이 내게 임하면 다른 사람이 할 수 없는 것을 할 수 있습니다.

여호와의 손이 내게 임하면 나 스스로 할 수 없던 일을 여호와 손이 일하기 시작합니다.

여호와의 손이 내게 임하면 보호받게 됩니다.

여호와의 손이 나를 지탱시켜 줍니다.

내가 실패 했을 때도 여호와의 손이 임하면 우리가 성공하게 됩니다.
왜냐하면, 여호와의 손은 절대 실패하지 않기 때문입니다.
사탄도 막을 수 없습니다.
여호와의 손이 임하면 어떤 일을 하기 원하시는지 알아야 합니다.
하나님의 원하시는 일을 해야 합니다.
하나님의 손이 위에서 임해서 원하시는 일을 하게 되면 이 세상을 변화시킬 수 있습니다.

주님! 저는 아무것도 할 수 없습니다.
주님의 뜻에 순종하며 인도함에 따를 뿐입니다.

20. 하나님 일을 해야 하는데 그 시간을 지나친 사람

나는 20대부터 하나님의 보호, 축복, 인도하심을 받았지만 하나님의 일은 나와는 상관없다고 생각했다. 하나님의 선물만 받고 좋아하는 어린아이 수준이었다.

하나님의 일은 목사, 신학교 나온 사람들만 하는 것이라는 생각이 있었다. 교회 안은 다양한 수준의 사람들이 모여 세속적으로 살면서도 거룩한 척 보이려 애쓰는 곳이라고 생각했다.

그러나 주님께서 중보기도자로 부르시고 나라를 위해 기도하라 하시고 기후에 대해 기도하라 하셨을 때 응답하시는 하나님을 보고 놀라고, 좀 죄송스러워졌을 무렵이다.

2013년 케빈 바스코니 목사님 컨퍼런스에서 "하나님의 일을 해야 하는데, 그 시간을 지나친 사람이 있어요." 하시는데 눈물이 갑자기 비 오듯 흐른다.

앞으로 나가 무릎 꿇고 죄송하다고 조용히 기도드렸다.

케빈 목사님은 "주님께서 프로그램을 다시 짜 주셨다."고 하신다.

"그런데 제가 나이가 많아서 못 할 것 같아요. 젊었을 때 하나님 일을 해야 했는데 교만했습니다. 죄송합니다."

다른 목사님에게서도 "나이가 60이어도 사역할 시간을 주십니다."라고 전해 받았다. 하나님의 일을 하게 하려고 다양한 은사와 체험과 보호를 해 주셨음에도 하나님 일을 그렇게 안 하려고 하다니 죄송합니다.

하나님께서 저를 창조하실 때 저를 쓰시려고 담아 주신 능력을 이제라도 사용하게 해 주세요. 저는 아무 능력도 없지만, 주님께서 저를 쓰려고 계획하신 프로그램이 있으시다면 순종하여 단순한 통로가 되겠습니다.

감사하고 죄송합니다.

21. 하늘의 음악을 들려 주시다

중보기도자로 부르시고 얼마 안 되었을 때 자고 있는데 갑자기 너무나 황홀하고 대단한 교향악단의 음악이 들린다.

이렇게 아름답고 영롱한 소리가 나는 악기는 무엇이지?
크리스탈로 만든 새로운 악기인가?
이렇게 아름다운 음악이 하모니도 대단한데?
어느 천재 악단이 새로 탄생했나?
이 방에 어떤 음향기기도 없는데?
어디서 나는 음악이지?
여러 가지를 생각하면서 대단한 음악을 한동안 들으며 전해지는 것은 '아! 이것은 하늘의 음악이구나' 하는 감동이 왔다.

"너무 대단한 황홀한 음악이죠?"

내가 물어보자 남편은 아무 소리가 안 난다고 하며 나를 걱정한다.

"여보, 오해하지 말고 들어요, 아무 소리도 안 나는데 우리 정신과 한 번 가 봅시다."

하늘의 음악도 영적인 귀가 열린 사람에게만 들린다는 것을 알았다.

그러면서 이 땅에서 예술을 한다고 하는 인간들이 잘난 척하며 하는 예술의 세계와 하늘나라의 예술 세계는 현저한 격차가 있음을 알게 되었다.

1나노 그램과 1톤의 차이 수준이랄까?

하늘나라에도 예술이 있고 그 수준은 대단한 것임을 알게 해 주셨다.

이 땅에서 최선을 다하고 열심히 그림을 그리지만 천국에 가서도 그곳에서도 그림을 그릴 수 있으면 얼마나 좋을까 생각했다.

그런데 어느 날 화실에서 의식이 있는 상태였는데 어떤 장소가 보인다. 밝고 환한 화실이 있었고 투명한 빛이 나는 바닥이이었고 이젤에서 그림 그리는 나를 내가 등 뒤에서 바라보고 있다. 그림을 그리는 나의 옆에 예쁜 동물, 토끼, 사슴들이 나의 그림을 쳐다보고 있었다.

22. 회개는 하나님의 큰 은혜이다

수천 년부터 선지자분, 제자분들이 "회개하라! 회개하라!" 하고 외치셨는데 그저 막연히 회개해야 한다고 생각했다. 그런데 그 회개가 주님의 크나 큰 은혜임을 알게 하셨다.

나는 반듯해서 별로 회개할 것이 없다고까지 위험한 생각을 했었다. 주님께서 절기를 지키라 하셔서 2017년부터 절기를 지키고 있는데 대속죄일 날 나의 어릴 때 모습이 보이고 엄마의 지갑에서 돈을 허락 없이 꺼내 과자를 사 먹는 모습을 스크린 영상처럼 보여 주시며 "회개하라."고 하신다. 아니 아주 어릴 때 일인데 그 정도까지 회개하여야 하는구나 하고 깜짝 놀랐다.

일거수, 일투족 우리의 모든 행동이 하늘나라에 찍혀 있다는 분들의 말이 생각났다. 기록의 천사가 우리의 모든 행실을 찍어 하늘나라에 보관하고 있는 것이 믿어졌다.

이후 또 친구들 사이에서 잘난 척하는 나를 보여 주시며 "회개하라." 하신다. 어릴 적 친척 분 집에서 천주교인들이 머리에 쓰는 천을 가지고 나와 버린 것도 보여 주셨다. 어린 나는 성당에 다니는 그 사람이 가증스럽다고 생각한 모양이었다.

또 낙태는 살인이며 강한 벌을 받는 것을 알려 주시고 회개의 영을 부어 주시고 통곡하며 회개하였다. 나는 반듯하게 모범생으로 살았다는 자부심이 여지없이 깨졌다.

성령님은 말에 대해서도 회개기도를 하라고 하셨다. 말로 인한 실수는 얼마나 많은지 지옥에 갈 뻔했음이 전해진다. 빨리 회개기도를 끝내고 싶었지만, 성령님께서 회개의 영을 부어 주셔야만 진정으로 회개할 수 있음도 알게 하셨다.

하나님께서 "내가 거룩하니 너희도 거룩하라."는 말씀 그대로 원하셨다. 그저 보통 사람들 수준에서 객관적인 평가가 아닌 하나님의 절대적 평가를 하시는 것이 느껴졌다.

어떻게 사람이 이 땅에 살면서 완벽한 의인으로 살 수 있을까?

그래서 하나님께서 사람들에게 회개를 허락하신 것이 얼마나 큰 은혜인지 깨닫게 되었다.

이 긴박한 시간에는 더욱 거룩하게 살도록 노력해야 하며 실수로 죄를 지으면 그날 저녁 기록 천사들이 기록 장부에 적기 전에 회개하면 장부에 올라가기 전에 삭제되는 것도 알려 주셨다.

나는 하나님을 원망한 적이 있었는데 "회개하라." 하셔서 곧 회개하였는데 그 중한 죄를 용서하셨을까 걱정되었다.

어느 영적인 깊이가 있는 목사님께서 "주님께서 용서하셨대요." 한다.

휴우~.

어찌 사람이 완벽할 수 있을까?

"의인은 없나니 하나도 없다."고 하신 말씀 그대로 우리 인간들은 하나님께서 원하시는 수준의 삶을 살기에는 한없이 부족하다. 사랑의 하나님께서 큰 은혜로 주신 것이 회개이다.

중보기도자의 시선으로 보면 죄를 저질러도 곧 울며 회개기도하는 사람이 있는가 하면 끝까지 막무가내로 버티는 사람이 있다. '저 사람 위험한데 왜 저렇게 버티지' 하는 생각이 드는데 회개의 영 역시 하나님께서 허락하실 때 부어 주시는 것을 알게 되었다.

주님께서 안타까운 사람은 기도자에게 회개할 것을 환상으로 보여 주시고 그 사람에게 전하라 하시기도 하는데 그래도 막무가내인 사람들이 있다.

자기 삶은 자신이 선택하는 것이니 어찌하겠는가?

변질된 목사들이 좀 지나고 보면 "하나님이 없다, 천국이 없다." 하는 소리까지 하는 것을 보았는데 그때 중보기도자들은 철수한다.

또 행운을 걸머지는 사람도 있다. 세속적으로 살다 죽기 바로 직전에 통곡하며 회개하는 사람들도 보았다. 이 상황은 성령님께서 회개의 영을 부어 주느냐 모른 척하느냐 차이인 것 같다.

먼저 기도로 회개의 영을 부어 주시기를 간절히 기도해야 함이 전해진다.

23. 희락의 영에 대해 뒤늦게 알다

부족한 인간들이 하나님 나라에 대해 얼마나 이해할 수 있을까?
어느 컨퍼런스에서 앞쪽에 앉은 목사님들이 갑자기 소리내 웃기 시작하더니 더 많은 사람이 웃는다. 미소가 아닌 기쁨에 겨워 소리내어 웃는다.
"왜 갑자기 사람들이 웃을까?"
희락의 영이 강타했다고 하시는데 난 이해하기 어려웠다.
또 어느 날 예배에서 앞쪽에 있는 분들이 폭발적으로 웃음을 터뜨린다. 몇 분은 바닥에 쓰러져서 박장대소하며 온몸을 구르기까지 한다.
본인들도 민망해하는데 웃음을 멈출 수 없다고 한다.
'이 상황은 무엇일까?'
어느 날 영적으로 깊은 분이 "주님께서 내가 기쁨이 없다고 하시면서 기쁨을 주겠다."고 하신다고 했다.
주님께서 가라 하신 교회에서 온갖 봉변을 당하고 있는데 기쁨이 없다고 하시다니?
어느 날 기도드리고 있는데 희락의 영이 터졌다. 기뻐할 일도 없는데 갑자기 웃음이 터져 나왔다. 말씀대로 희락의 영을 주셨지만, 그 희락의 영에 대해 자세히는 알 수 없었다.
이후 주님께서 "마지막 때에 지진, 전쟁, 폭동이 지속되고 험악한 일이 터지므로 사람들이 집단으로 공황장애에 걸리게 되기에 나의 자녀들을 보호하기 위해 희락의 영을 보내 주는 것이다."라고 하시는 말씀 전해 들었다.
보통 병원에서도 환자들에게 웃음 치료를 하며 효과가 크다는데 하나님께서 보내 주시는 희락의 영은 얼마나 사람들에게 기쁨을 주고 보호하는 능력이 있을까?

참으로 섬세하신 사랑의 하나님이심을 다시 한번 느낀다.

부족하고 미물인 사람들에 대한 하나님의 사랑은 참으로 대단하시다. 우리는 다 알 수 없지만 온 세상을 사람들이 살기에 부족함이 없게 창조하셨다. 삶이 힘들 때 스트레스를 크게 받을 때 희락의 영을 보내 주시며 보호하신다. 아무 자격 없음에도 사랑으로 품으시는 하나님이시다.

장영주 作 | 환희 | 162×130.3cm

제5부

치유

1. 너의 반쪽 귀를 고쳐주겠다

모르는 사람에게서 메시지를 받았다.

"너의 반쪽 귀를 고쳐주겠다. 너의 중보기도 고맙다. 네가 책을 쓰길 원한다."

이런 글을 보내왔다.

전혀 모르는 분이었다. 그저 영적으로 깊은 경지의 사람일 것이라고만 추측했다.

왼쪽 귀에 대해서는 기도도 해 보지도 않았고 고쳐질 것이라고는 상상조차 해 본 적이 없었다.

나는 어릴 때 물놀이에서 왼쪽 귀에 물이 들어가 중이염이 되고 중이염이 잘 고쳐지지 않아 청력까지 잃었다. 오랜 시간이 지났지만 중이염은 나에게 상처였다.

오랫동안 이빈후과에서 치료받았지만 중·고등학생 시절 수업 시간에 귀에서 고름이 뚝뚝 떨어졌고 고름 냄새도 날 정도여서 당황해하며 화장실로 뛰어갔던 일도 많았다.

부모님은 나의 귀 때문에 다투셨다. 아버지는 사냥까지 해서 특별한 새를 잡아 와서 귓병에 좋으니 먹으라고 하셨다. 그러나 귀의 고막까지 파손되어 왼쪽 청력을 완전히 상실하였다.

나는 그저 받아들이기로 하고 더 이상 왼쪽 청력은 생각하지도 않고 염두에 두지도 않았는데 60대의 나이에 너의 반쪽 귀를 고쳐주겠다는 메시지를 받았다. 어떤 방법으로 치유해 주실 줄은 모르겠으나 언젠가는 고쳐주시겠구나 하고 믿음으로 받아들였다.

잠을 자고 있는데 어떤 존재가 나의 귀에 손을 대고 있다고 느껴졌다.

어느 날은 왼쪽 귀에서 마치 라디오에서 주파수 맞출 때처럼 "찌찌-직" 하는 소리가 나더니 갑자기 말소리 같은 것이 들렸다. 무언가 치유가 일어나고 있음이 느껴져 계속 왼쪽 귀를 위쪽으로 향하여 자려고 애썼다.

시간이 지난 어느 날 캐더린 로날라 목사님 책을 읽고 있는데 이분 컨퍼런스에 가야 한다는 레마를 받아 찾아보니 한국에서 컨퍼런스를 하고 있어서 참석했다.

캐더린 목사님이 설교 중에 갑자기 외치신다.

"성령님께서 이곳에 한쪽 귀가 안 들리는 사람이 있다고 하시는데 누구예요?

나오세요."

나는 뛰어나갔다.

캐더린 목사님께서 나의 왼쪽 귀에 "후" 한 번 입김을 불어 넣는다.

나는 속으로 좀 실망하였다.

입김 한 번 불어 넣어서?

그런데 자고 일어났는데 왼쪽 귀가 좀 부어 있는 것 같았다. 자세한 상황은 알 수 없지만 무언가 변화가 있다고 느껴졌다.

얼마 후 검진받으러 병원에 갔다. 사십 년 정도 나의 왼쪽 귀 청력은 불능으로 나왔었는데 청력검사에서 첫 단계 테스트에서는 소리는 들리지 않고 진동만 느껴졌다. 두 번째, 세 번째 테스트에서는 소리가 정확히 들렸다. 검사하시는 분이 검증란에 정상이라고 하며 정상 도장을 찍는다.

"아! 이럴 수가!"

나는 한 번 더 왼쪽 귀로 들을 수 있는지 전화기를 들고 시도해 보았다. 소리가 들렸다.

감사기도를 드리기보다는 어안이 벙벙해서 놀라기만 했다.

나는 오랜 세월 동안 들을 수 없었던 왼쪽 귀로 음악을 들어보고 전화도 통화하면서 그 기쁨의 감격을 누렸다. 왼쪽 귀의 청력을 고쳐 주신 것은 청력뿐 아니라 그동안 형성되어있던 위축된 마음, 상처까지도 치유해 주셨음을 알게 되었다.

나이 들어 필요한 균형 감각도 귀가 치유됨에 달팽이관도 치유되어 젊은 사람 수준의 균형 감각이라는 검사가 나왔다.

"아~ 사랑의 하나님은 이런 부분까지도 품으시는구나!"

기도 노트를 찾아보니 "너의 반쪽 귀를 고쳐 주겠다."는 메시지를 받은 것은 2011년이다. 왼쪽 귀의 청력이 치유된 것은 2015년이었다. 어떤 부분은 한 시간 만에 치유가 일어나고 어떤 경우는 좀 더 시간이 필요한 것으로 이해가 되었다.

주님께서 어떤 작품을 지목하여 캐더린 노날라 목사님에게 드리라 하신다.

어~ 이 작품 개인전에 전시할 작품인데 ….

갑자기 비도 안 오는데 거실 앞에 커다란 무지개를 보여 주셨다.

무지개는 확증으로 보내신 것이어서 ….

그 작품 <사랑>을 캐더린 목사님에게 드렸다.

목사님의 무언가와 같은 분위기라고 전해 들었다.

하나님!!! 감사드립니다.

생각하지도 못한 부분을, 청력을 치유해 주시고 기쁨 주셔서 감사드립니다.

하나님! 찬양받아 주옵소서!

앞으로 더욱 한국에서 많은 하나님의 치유가, 치유의 부흥이 일어난다고 하신다. 더 많은 사람의 마음이 열려서 하나님을 만나고 많은 치유가 일어나기를, 질병으로 인해 받았던 상처까지도 치유되기를 기도드린다. 치유 은사 받은 사람들이 변질되지 않고 끝까지 순수하고 겸손한 자리에서 자신에게 주어진 소명의 자리에 있기를 간절히 기도드린다.

2. 하나님 나라에서 보내신 것인지, 악한 영인지 구분을 못 하여

어느 날 자는데 투명한 손이 나의 머리에서 무엇을 뽑아 올리는 것 같은 행동을 계속하는 것을 보았다.

투명하고 깨끗한 손인데?
무엇인가?
하나님 나라에서 보내신 것일까?
악한 영이 공격하는 것일까?

알 수가 없어서 "예수의 이름으로 멈출지어다." 하니 즉각 멈춘다.
"?"
그 당시는 영적 구별을 잘 못했다.

좀 시간이 흘러 투명한 성령님, 투명한 칼, 투명한 비행기들을 보여 주셔서 투명하고 빛나고 깨끗한 것은 하나님 나라에서 보내 주시는 것임을, 하나님의 뜻을 전해 주려 하시는 것을 알게 되었다.
아! 내가 하나님께 머리카락이 빠진 것을 다시 나게 해 달라고 기도했었지. 조용기 목사님께서 설교 시간에 지식의 말씀으로 "어느 중년 여성 머리카락나게 해 달라고 기도했는데 머리를 다시 나게 하십니다." 하시면서 나도 머리카락이 없는데 하고 당신의 머리를 만지시며 웃으셨던 것이 생각나게 하셨다.
이후 머리카락이 새싹처럼 다시 나고 있다.
하나님! 죄송합니다.
기도드렸고 지식의 말씀도 전해 받았는데 생각해보니 내 머리 위에서 투명한 손이 나의 모근을 뽑아 올리는 것은 나의 육적인 눈으로는 볼 수 없는 것임을 알게 되고 영적인 눈을 열어 보게 하셨음을 알게 하신다.

하나님! 감사드립니다.
기도하고 잊어버렸는데 머리카락이 새로 나게 해 주셔서 감사드립니다.

3. 교장 선생님을 영적인 어머니로!

2010년 예술의전당에서 개인전을 하는데 우아한 할머니 한 분이 함박웃음을 웃으시면서 말씀하셨다.
"나 누군지 모르겠어?"
"누구실까?"
"아! 교장 선생님 아니세요?"
"그래, 알아보는구나. 고맙다."
"뉴스에서 네가 개인전을 한다기에 얼른 가 봐야지 하고 왔단다."
"네, 고맙습니다."
선생님은 나의 작품을 관람하시며 기뻐하셨다. 커피와 케이크를 사 준다고 나를 커피숍으로 데려 가셨다.
"선생님! 제가 살게요."
"나, 제자에게 커피, 케이크 한 조각은 살 수 있어 내가 살 수 있게 해 줘."
사람들은 그 우아한 할머니가 친정 어머니냐고 물었다. 정작 나의 어머니는 잘되는 사업을 접고 그림을 그리는 것이 마음에 안 들어 나의 전시회에 오지도 않으셨다.
그렇게 교장 선생님과 해후가 이루어지고 난 어느 날 새벽기도 때 교장 선생님의 모습을 보여 주셨다. 왜 보여 주시는지 알 수가 없어 아침에 전화를 드리니 말을 안 하려 하신다.

"내가 바쁜 제자 시간을 뺏을 수 있나."

"성령님께서 선생님 모습을 보여 주시고 도와주라 하셨어요. 치유 은사도 주셨어요."

"그럼 와 줄 수 있잖어."

선생님께서는 혼자 사시는데 쓰러지셔서 사흘 동안 움직일 수도 없어 하나님께 기도드렸다고 한다.

"하나님! 이제 저 좀 데려가 주세요."

기도를 받으신 하나님께서 선생님 제자 중 치유 은사를 주신 나에게 전해 주셨다. 예수님께서 이 땅에 계실 때는 치유가 일어났지만 지금도 하나님의 치유가 일어나냐고 물으셨다.

"네, 지금은 마지막 시기여서 더 많은 성령의 역사가 일어나요."

"그래?"

"우선 하나님께서 치유해 주신다는 믿음이 있으셔야 해요. 굳게 믿으셔야 해요."

"그래요. 알았어요. 하나님의 치유하심을 믿습니다."

내가 선생님에게 손을 대고 치유기도를 하자 나의 손이 진동하기 시작했다.

"선생님, 제 손 좀 보세요."

"그래 보고 있어, 손이 저절로 움직이는 것 같네."

한동안 치유기도를 해 드리자 "어~ 가만있어 봐. 나 걸을 수 있을 것 같아." 하시며 일어나 걸어 다니셨다.

" 하나님! 감사합니다. 감사합니다.

우리 제자 고마워!"

우린 얼싸안고 하나님께 감사기도를 드렸다.

선생님은 연로하셔서 여러 곳이 아프셔서 여러 번 치유기도를 해 드렸다. 그중 선생님 머리에 마치 콩 같은 것이 여덟 개 정도 나 있었다.
"선생님, 이것 뭐예요?"
"모르겠어, 언제부터 콩 같은 것이 생겼어."
치유기도를 한동안 해드렸는데 그 콩 같은 것이 없어졌다.
"선생님! 만져 보세요. 없어졌어요."
수술도 안 하고 치유기도만 드렸는데 콩알 크기의 혹이 모두 없어졌다.
"아멘! 할렐루야~ 하나님 감사합니다."
선생님은 하나님께서 제자를 보내시고 치유해 주시고 챙겨 주시게 한 것에 감격해 하셨다.
"난 하나님께 해 드린 것도 없는데 … 죄송합니다."

그때 성령님께서는 선생님께서 학생들을 사랑으로 품으셨던 모습을 영상으로 보여 주셨다.
"주님께서 선생님이 학생들을 사랑으로 품으신 모습을 보여 주셔요."
"그래, 난 어려운 집안의 학생들, 문제아들을 챙기려 애썼지.
모범생인 장 선생에게는 아무것도 해 준 것이 없는데, 장 선생의 도움을 받네."
"하나님께서 선생님을 주목하시고 도우셨다는 생각이 들어요."
"제가 고등학생일 때 선생님은 평생 평교사로 아이들을 챙기실 거라는 생각이 들었는데 어떻게 교장 선생님이 되셨어요?"
"어! 너는 그때도 그런 것이 보였니?"
"맞아, 난 교장 될 생각을 한 적도 없었고, 교장 연수도 받지 않았는데 이사장님이신 한경직 목사님께서 교장 연수가 중요한 것이 아니라 인품이 중요하다고 나를 추천하셔서 내가 교장이 되질 않았겠니?"
"하나님의 사람인 한경직 목사님의 추천이 있으셨군요."

어느 날 선생님이 말씀하셨다.

"장 선생, 예수님께 기도 좀 해줘. 이제 나 좀 데려가 달라고 … ."

"그것은 제가 할 수 있는 기도는 아니고요, 선생님께서 살아계시는 동안 인간으로 자존감을 지키고 살 수 있게 해 달라고 기도드리고 있어요."

"그래. 고맙네."

"근데, 난 한옥이 좋은데, 천국의 내 집이 한옥일까?"

"예수님께서 선생님의 취향을 모두 알고 계시니 한옥과 선생님 취향의 가구가 준비되어 있지 않을까요?"

선생님은 성경을 필사하시고 기도하시고 설교 말씀을 들으시며 시간을 보내시다가 90세에 소천하셨다.

친척분은 정말 우아하게 계시다가 돌아가시기 전 며칠만 병원에 입원하셨다고 한다.

나는 예수님께서 선생님의 천국 집을 한옥으로 준비해 주셨을까하고 생각만 했는데 천국에 있는 선생님 모습을 보여 주셨다.

작은 한옥 안에 90세에 돌아가신 선생님이 아주 젊은 모습으로, 얼굴이 빛나는 모습으로 환하게 웃고 계시며 나에게 손을 흔드셨다. 난 너무 놀라서 인사도 손도 흔들지 못하고 경직되어 숨을 죽이며 보고만 있었다.

예수님께서는 각 개인의 취향대로, 이 땅에서 이룬 업적대로 하늘나라에 집을 지으신다는 말이 실제구나 하는 생각이 들었다. 멋지고 우아한 선생님을 영적인 어머니로 챙기게 하시고 그분의 존경스러운 모습, 따뜻한 성품에 우리 가족에게 따뜻함으로 스며들게 하셨고 영적인 가족으로 연결하여 서로 돕고 사랑으로 품게 하셨다.

그런 기회를 주신 예수님 감사합니다.

4. 걱정·염려를 통하여 들어 온 질병 마귀

　우리는 영적인 세계에서 일어나는 일에 대해 좀 알아야 악한 영에 당하지 않을 수 있다. 나는 어느 날 TV 건강 프로에서 유방암에 대한 방송을 보면서 '나 유방암에 걸리면 어떡하지' 하는 걱정, 근심을 하기 시작했다.
　그 프로를 보고 나서 유방 검사도 자주하고 조그만 좁쌀 같은 것이 있어도 걱정하고 검사하곤 했다. 그리고 유방암에 걸렸다.
　그 당시, 걱정·염려 통하여 질병 마귀가 들어올 수 있다는 것을 알았다면 좋았을 텐데 ….
　그래서 그 상황을 써서 다른 이들이 악한 영에 당하지 않기를 전하고 싶다. 성경에 쓰여 있는 "걱정·염려하지 말라."라는 말씀을 뒤늦게 깨닫게 된 것이다. 성령님께서 걱정·염려를 통하여 질병 마귀가 진입하는 영적인 상황을 영의 눈을 열어 보여 주셨다.
　지금에 이르러서야 마귀가 왜 오른쪽 유방을 집요하게 공격했을까가 이해된다.
　하나님의 영광을 전하는 그림·글이 오른손을 사용하는 사람이라는 것을 영적인 존재인 악한 영이 알았으리라.
　어느 날 영적으로 악한 영이 유방 오른쪽에 까만 점을 찍는 것을 보았고 어느 날은 악한 영이 나의 오른쪽 가슴 앞에 검은 덩어리를 붙여 뿌리치고 일어나나 스스로 치유기도를 했다. 오른쪽 유방을 악한 영의 검은 손이 잡은 것을 보고 나의 양팔을 들려 하니 가위눌림 상태여서 힘껏 쳐내니 가위눌림이 풀어졌다. 또 악한 영이 물줄기가 약한 호스를 나에게 뿌려 도리어 내가 호스를 빼앗아 악한 영에게 뿌리니 가위눌림이 쉽게 풀어졌다.
　이후 걱정·염려를 안 하고 믿음으로 하나님께 병원 치료가 아닌 하나님께서 치유해 주시기를 기도드렸다.

그리고 여러 치유 집회에서 유방이 저절로 움직이기도 하고 지식의 말씀도 전해 받고 앞으로 나오라 하여 치유기도를 받았고 지금은 건강하다.

치유 은사를 받고 나서는 다른 유방암 환자에게 유방암이 치유된 것을 간증하고 치유기도해 주었는데 병원에서 수술 안 해도 된다는 의사의 소견을 받았다고 한다.

간증도 대언의 영으로 전이되는 것임을 다시 한번 확인하게 되었다.

하나님!
이것을 간증하게 하신 이유가 있음을 압니다.
믿는 자들이 쓸데없이 걱정·염려로 악한 영이 들어오게 하는 통로를 열지 않게 하옵시고 이 땅에서 하나님을 따르고 예배하며 찬양하는 동안 건강하고 담대하고 씩씩하게 살게 하옵소서
예수님 이름 받들어 기도드립니다.

5. 지식의 말씀·유튜브·전화로도 하나님의 치유가 일어남

지식의 말씀은 주님께서 특별히 누구를 치유해 주고 싶으실 때 영적인 사람에게 지식의 말씀을 주시는 경우이다. 이 경우는 믿음으로 받기만 해도 치유가 일어난다.

내가 경험한 지식의 말씀 치유는 예전에 조용기 목사님이 살아계셨을 때 "중년부인인데요 머리카락을 새로 주신다고 합니다." 하셔서 "아~ 나구나" 하고 믿음으로 받았다. 주님께서 영적인 눈을 열어 주셔서 투명한 손이 모근을 뽑아 올리는 것도 보여 주셨다. 그리고 머리카락이 계속 나기 시작했다.

스트레스로 신장이 망가졌을 때 찰리 샴프 목사님께서 "주님께서 치유해 주십니다."라는 지식의 말씀을 믿음으로 받았는데 신장의 장기가 저절로 움직였다[?]. 하늘나라의 치유 천사님이 치유해 주시는 것 같았다. 이후 신장이 치유되었다.

더 놀라운 것은 이준규 목사님의 유튜브 방송을 들었을 때 일이다.

"코피 흘리는 사람 주님께서 치유하십니다." 하셔서 "아멘" 하고 집에서 믿음으로 받았다.

"눈의 안압을 고쳐주십니다."

"오른쪽 어깨가 치유되었습니다."

이 지식의 말씀을 듣고 믿음으로 받았는데 코피도 멈추고 눈의 안압도 오른쪽 어깨도 치유되었다.

집에서 유튜브 방송을 들으면서 믿음으로 받았을 뿐인데 정말 멋지고 전지전능하신 하나님 아버지의 능력이셨다.

하나님 아버지! 감사드립니다.

또 놀라운 것은 코로나에 걸리신 박 권사님이 전화로 치유기도를 해 달라고 하셔서 전화로 치유기도를 해 드렸더니 나았다고 하셨다.

믿지 않는 분들은 이러한 상황이 믿어질까?

치유 집회 현장에서도 믿음이 없어서 치유를 못 받는 분이 많은데 하나님의 치유는 가장 중요한 것이 믿음이다.

"네 믿음대로 될지어다."

주님의 이 말씀을 상기하라.

중간에 통로 역할을 하시는 분들의 영성이 깊어야 가능하다. 주님께서 무슨 병을 낫게 하시려는지 전달되어야 지식의 말씀을 전해 줄 수 있다.

하나님!

사람들이 하나님의 치유하심을 믿게 하시고,

치유로 인하여 더욱 깊이 하나님을 만나고 성숙한 영적 수준에까지 이르게 하옵소서.

그리고 하나님께 감사하고 간증을 통하여 대언의 영이 더욱 확장되게 하여 주옵소서.

예수님의 이름으로 기도드립니다.

지식의 말씀 [릭 조이너 목사님에게 주님께서 주신 말씀]

너는 내가 어떤 사람들의 육체적 질병에 관한 지식의 말씀이나 네가 아직 모르는 다른 지식을 너에게 주었을 때 감명을 받았다. 이 지식은 네가 아주 조금이라도 나의 생각에 다 다를 때 나온다.

나는 모든 것을 안다.

만일 네가 완전히 나의 생각을 갖게 된다면 너는 네가 만나는 모든 사람에 대하여서 모든 것을 알 수 있게 될 것이다. 너는 모든 사람을 내가 보는 것같이 볼 것이다.

그때라 할지라도 내 안에 완전히 거하는데 더 필요한 것이 있다. 그러한 지식을 올바르게 쓰는 법을 알기 위하여 나의 마음을 가져야 한다. 오직 그때서야 너는 나의 판단력을 가질 수 있다.

나는 네가 내 마음을 아는 정도까지만 너에게 초자연적인 지식을 맡길 수 있다. 내가 나의 교회에 나누어 준 성령의 은사들은 다가 올 시대의 능력들에 대한 작은 증표일 뿐이다.

6. 천사가 투명한 칼로 다리를 내치는 것을 보다

화실에서 쉬고 있는데 투명하고 빛이 나는 긴 칼이 나타나서 다리를 내려치는 것을 보여 주셨다. 나는 아닌 것 같은데 누구인지 알 수 없어서 기도를 드렸다.

"하나님 이분이 빨리 회개하고 이 벌을 받지 않게 해 주세요."

일 년 뒤쯤 집안 어른 한 분이 걸을 수 없게 되셨다. 병원에서 현대 의학으로도 고칠 수 없으니 할 수 없다고 했다.

병원에 찾아가서 하나님의 치유에 대해 말씀을 드렸다.

본인이 믿음이 있어야 하는데 여러 사례를 들려 주면서 말씀드리니 하나님의 치유를 믿는다며 기도해 달라고 했다. 여러 날 병원에 찾아가서 치유기도를 해드리고 부축해서 침대에서 일어나게 해서 걸어보라 했더니 걸으셨다.

병실 안이 난리다.

손뼉을 치는 사람!

"할렐루야"를 외치니 사람!

병원 의사들이 우르르 나와서 말없이 걷고 있는 할머니를 쳐다본다. 할머니께서는 바닥에 무릎을 꿇고 울면서 회개기도를 드렸다.

"예수님 제가 하나님 자녀로 잘못 살았어요.

잘못했습니다.

용서해 주세요. 엉엉"

하나님의 치유를 경험하시고 난 후 더욱 깊이 회개가 터져 나오시나 보다.

하나님! 감사드립니다.

이분의 치유뿐 아니라 하나님의 치유로 병원의 사람들까지 하나님께 전도할 수 있는 통로를 허락하시고 회개기도도 받아 주셔서 감사드립니다.

7. 치유 은사

치유 사역하는 손기철 장로님의 집회에서 중보기도하고 있는데 손기철 장로님이 우리에게 그런 문제가 있었는데 기도해 주어서 풀어졌다고 감사하다고 하셨다.

깜짝 놀랐다. 난 한쪽 귀퉁이에서 조용히 앉아 중보기도하는 스타일인데, 이분의 영적 깊이가 대단하다고 생각했다.

어느 날은 "지금 성령님께서 어느 분에게 치유은사를 주었는데 누구예요, 손 들어보세요." 했다.

그 당시 3,000명 정도 모였는데 아무도 손을 들지 않았다.

누군데 손을 안 들지?

그날은 다행히 남편과 함께 갔는데, 집으로 돌아와 차에서 내리는데 온몸에 힘이 빠지고 진동이 왔다. 그날 밤새 진동이 와서 잠을 못 잤는데 왜 그러는지는 알 수 없었다. 하나님의 치유 집회가 일어나는 곳은 치유 기름 부음이 넘침으로 그런 집회에서 치유 은사를 받는다는 것을 뒤늦게 알게 되었다.

그런 일이 있고 나서 얼마 후 뉴스를 보면서 아픈 무릎에 손을 올려 놓고 보는데 손이 마치 다리미처럼 점점 뜨거워졌다.

뉴스가 끝나고 난 후 보니 아픈 통증이 없어졌다.

"어! 이거 뭐지?"

그때 성령님께서 치유 은사를 준 사람이 있다는 말이 생각났고 그날 온 몸이 진동하여 잠을 못 잔 기억이 났다. 가족에게 아픈 곳에 치유기도를 해 주니 나았고 안 아프다고 한다.

"어! 저에게 치유 은사를 … 그런데요. 성령님 저는 목사도 아니고 전도사도 아닌데 이것은 비효율적인 것 같습니다."

이렇게 기도드렸지만 아무 말씀이 없으셨다.

그리고 주님은 나를 어떤 교회로 보내셨다. 그 교회에 가서 일 년 반쯤 후에 치유 사역을 시작했다. 주님께서 합류하라 하셔서 치유 사역 하는 소그룹에 동참하려 했지만 씩씩한 교회 아줌마들이 나의 손을 잡고는 못하게 했다. 심지어 밖으로 나와 보라까지 했다.

사회에서 한 번도 당하지 않은 특이한 경험까지 하여 놀랐지만 잘 되었다 싶었다.

"주님! 제가 합류하려 했는데요. 교회의 무서운 아줌마들이 못하게 해서 안 합니다."

그런데 어느 목사님이 주님께서 주신 치유 은사를 사용하라고 했다.

할 수 없이 순종하여 지인들, 특별히 알려 주시는 분들, 화가들을 치유기도해 주었다. 치유기도해 주면서 느끼는 것은 치유 받는 사람의 믿음이 중요하다는 것을 알았다. 논리적인 성향의 사람들, 경직된 교회를 다니는 사람들은 치유가 일어나기 어려웠고 경직된 교회에서는 하나님의 치유를 막으셨다. 어머니도 그런 거 하지 말라고 걱정하는 눈치셨다.

그래도 꾸준히 치유 사역을 하였는데 어떤 분은 나의 팔꿈치에서 빛이 나와 할머니 허리로 들어가는 것을 보았다고 하시고 영적인 눈이 열려 있는 분을 많이 만나는 계기가 되었다. 전혀 신앙이 없는 분들도 기도만 해 주었는데 치유가 되는 것을 보고 놀라 하나님을 믿게 되는 분들도 계셨다.

치유기도를 해 주면 체력이 떨어져서 그 다음 날은 그림을 그릴 수 없었다. 사람과 교류가 별로 없고 화실에서 그림만 그리는 나에게 좀 더 다양한 방법으로 적극적으로 치유에 참여하게 하셨다.

어느 날은 청와대 앞 나라를 위한 기도회에 가려고 지하철을 탔는데 한 젊은 여성이 꽈당하고 심하게 넘어졌다. 상당히 고통스러워했다.

한 젊은이가 "119 불러 줄까요?" 하고 물을 정도였다.

그 여성은 거절하고 내 옆에 앉았다. 성령님께서 "네가 치유기도해 주어라."고 하셨다.

"네! 여기 지하철 안에서요?"

"에고"

"제가 치유 은사가 있는데 치유기도해 줄까요?"

이 여성 아무 말도 없이 싸늘한 표정으로 고개를 저었다. 기독교 믿음이 없을 수 있고, 더구나 치유 은사는 들어 본 적도 없을 수 있는데 ….

한 번 더 말하라 하셨다.

"제가 치유기도해 줄까요?"

역시 싸늘했다.

'휴- 다행이다.' 하고 마음을 놓고 있는데 잠시 후 이 여성 나를 툭툭 쳤다.

"저, 기도해 주세요."

에고, 지하철 안에서 사람들이 다 보고 있는데 ….

"하나님, 저에게 치유 기름 부음을 부어 주옵소서."

방언기도를 하고 무릎에 손을 얹고 기도해 주자 무릎의 뼈가 움직이는 것이 느껴졌다.

한동안 기도해 주었다.

어느 날은 지방에 있는 교회에서 치유 은사 있는 사람이 한 명도 없는데 치유 집회를 한다고 나보고 내려가라고 하셨다.

그 교회 담임목사에게 치유 은사가 있음을 전하고 아픈 사람들을 치유기도해 주는데 줄이 길었다. 그 사람들을 뿌리칠 수 없어 결국 밤을 꼬박 새우며 치유기도해 주고 아침에 서울로 올라 왔다.

그런데 그 교회 교인들이 나를 가짜 치유 사역자라고 했다. 나는 직업이 있는 바쁜 사람임에도 사례비도 안 받고 밤을 새워 치유기도해 주었는데 좀 서운했다.

그런데 성령님께서 유방암 환자가 치유되었으니 그 교회 전도사에게 확인해 보라고 하셨다. 그 교인을 확인해 보니 수술 안 해도 된다는 의사의 소견이 나왔다고 전해 받았다. 믿음이 있는 자는 치유해 주셨다.

하나님의 치유는 정말 놀랍고 대단하다. 나보다 더 높은 치유 은사, 권능을 받은 분들은 치유 기름 부음이 더 강해서 그 자리에서 검은 눈동자가 생기고 귀 머거리가 귀가 들리고 휠체어에서 일어나 걷고 놀라운 하나님의 역사하심을 볼 수 있었다.

이 땅에 사는 사람들 수준에서 어떻게 하나님 세계를 다 이해할 수 있을까?

치유 집회 때마다 치유 천사들이 내려와 치유 사역자들과 동역하는데 치유 천사들은 사람들이 하나님의 치유를 믿지 못하는 것이 더 놀랍다고 했다. 예수님께서도 "네가 믿느냐?"를 먼저 물으시고 치유해 주셨음을 상기해야 한다.

하늘나라 천국에는 사람들의 장기가 가득 쌓여 있는 커다란 창고가 있고 그곳에는 사람들의 장기가 가득 쌓여 있으며 장기 하나 하나에는 받는 사람의 이름과 날짜가 쓰여 있다.

또한, 치유 은사를 줄 사람 명단도 있다고 하셨다.

더 많은 사람이 치유 은사를 받기 원했던 나는 치유 은사를 주시기를 기도해 주었을 때 치유 은사를 받는 사람도 있었고 못 받는 사람도 있었다.

주님께서 치유 은사를 주기로 허락한 사람만이 치유 은사를 받는 것 같았다. 예전에는 치유 은사를 극소수에게만 주셔서 문제가 있었지만 지금은 많은 사람에게 성령의 은사를 부어 주시는 때이다.

치유 받기를 원하는 사람은 먼저 믿음을 가져야 한다. 치유는 그 자리에서 즉각 치유되는 상황도 있고 점차 치유되는 예도 있었다.

또한, 중간에 의심이 생기면 치유가 멈추는 것도 보았다. 병이 죄로 인해 생긴 것이라면 진정한 회개기도부터 해야 치유가 이루어지는 것도 알아야 한다.

또 지식의 말씀으로 치유되는 경우이다. 주님께서 어떤 사람을 치유해 주시고 싶으실 때는 영적인 사람에게 지식의 말씀을 주신다. "지금 00병을 치유해 주십니다."라고 할 때 믿음으로 받으면 된다.

아직도 치유가 이단이니 하는 사람들도 있으나 하나님의 치유는 지금이 시대에 더욱 많이 일어나고 있다. 북한에서도 기독교인들이 놀라운 치유를 경험한 후 신앙이 굳건해져서 복음이 힘차게 전파되고 있으며 이슬람 문화권에서도 강력한 치유가 일어나고 있다.

나에게도 이전에 "논리적인 것에서 벗어나라."라는 말씀을 주셨었다. 경직된 신앙관에서 벗어나야 치유를 경험할 수 있고 살아 역사하시는 하나님을 만날 수 있다.

치유 은사를 받은 사람들은 거저 받았으니 거저 주라는 말씀을 꼭 지켜야 하며, 치유해 줄 때 하나님의 치유이므로 반드시 하나님께 영광을 올려 드려야 하고 치유 받은 사람들은 하나님께 감사기도를 올려 드려야 한다.

"하나님! 감사드립니다.
저의 아픈 00을 치유해 주심에 감사드립니다."
이렇게 기도드리면 주님께서 기뻐하실 것이다.

참 좋으신 하나님!

이 마지막 시기에 성령 부흥을 일으키심을 믿습니다.

하나님께서 주시는 성령님의 역사에 대해 사람들이 갈급한 마음을 갖게 하시고 하나님께서 주시는 치유를 통해 더욱 신앙이 깊어지게 하여 주옵소서!

그리고 성령님께서 하신 일을 자신의 영광으로 그 교회의 영광으로 가로채는 자들이 없게 지혜를 부어 주옵소서!

제6부

자상하신 주님

1. 하나님께서 사랑하시는 사람들

주님께서 어느 분에게 꽃을 사다 주라고 환상으로 보여 주셨다.
꽃 도매상에 가서 꽃을 사서 찾아뵈었는데 이분 당황해 하신다.
"그렇게 많은 꽃은 못 받아요."
"저도 모르겠어요. 왜 꽃을 사다 주고 설치도 해 주라 하시고 환상도 보여 주셨는지?"
"저는 그저 심부름만 하는 거예요."
설득해서 설치해 드렸더니 당신의 상황에 대해 말씀하셨다. 당신께선 오랜 세월 동안 교회에서 꽃꽂이를 조용히 내색하지 않고 하셨는데 지금은 홀로 사는 할머니라 꽃을 사서 당신 집에 두고 싶어도 사들고 오기 힘들고 배달시키기도 조심스러워 이제는 꽃을 볼 수 없구나 하고 쓸쓸해 하고 있는데 내가 꽃, 허브. 화초를 가득 사 와서 놀랐다고 하셨다.
주님께서 자상하게 지켜보고 계시고 마음도 읽으심을 전해 받고 주님의 마음에 감동을 받아 울컥해 하셨다.
어느 여자 목사님에게 백화점 티켓으로 옷을 살 수 있게 준비하라고 레마를 주셨다. 액수도 정확히 전해 주셨다. 목사님에게 주님께서 레마를 주셔서 준비했다고 전해드리니 목사님 당신은 백화점에서 옷을 한 번도 사본 적이 없어서 쓸쓸했는데 주님께서 마음을 읽으셨다고 기뻐하셨다.
주님은 자녀 개인 한 명 한 명 모두를 자상하게 살피고 계심을 다시 한 번 느꼈다.
식료품 가게에서 배달일을 하시는 분을 주님께서 치유기도해 주라고 하셨다. 연락처를 알아내어 화실로 오라 하셔서 치유기도를 해 드리는데 상당히 학구적이고 지혜도 있으셨다.
"공부도 잘하셨네요." 하고 말을 하니 당신의 상황에 대해 말씀을 하셨다.

"그런 상황이 되면 원망도 화도 나실 수 있으실 텐데, 어떻게 그렇게 바르게 사실 수 있으세요?"

"원래 성격이 그런가 봐요."

좀 더 도와주고 싶었으나, 완강히 거절하셔서 그분의 의견을 존중해 드렸다.

또 한 번은 선한 권사님을 떠올려 주셨다. 전화드렸더니 "그렇지 않아도 한 번 전화드릴까 했어요."라고 하셨다.

늦게 결혼한 딸이 임신을 했는데 병원에서 다운증후군 위험이 60%가 넘으니 낙태를 권했다고 하셨다. 기도하니 예수님께서 그 아이 손을 잡고 계신다고 전해 드렸다. 그 아이는 건강하게 태어났다.

내가 영이 좀 더 맑으면 더 많은 사람을 도울 수 있으련만….

주님께서 네가 놓친 것이 많다 하신다.

2. 3일 금식기도를 하라

어느 날 주님께서 3일 금식기도를 하라 하셔서 하고 있는데 3일째 되는 날 입으로 하얀 연기(?) 같은 것이 나왔다. 무언가 치유해 주신 것 같았다. 이후 두통이 없어졌다.

위험한 두통인지도 모르고 살았는데 ….

하나님! 감사드립니다.

3. 5리를 가자면 10리를 가 주어라

화실에 있는데 어느 화가 분을 생각나게 하셔서 전화를 드렸다.

"장 선생, 나 좀 멀리 이사했어요."

"그래요, 어디신데요."

바로 내 화실 앞으로 이사하셨다.

주님께서 챙기기를 원하신다는 마음이 들어 열심히 챙기고 간증도 전했다.

그런데 어디를 가서 어떤 음식 먹고 싶다고 했다. 시간을 뺏기고 싶지 않아 거절했다. 그때 주님의 음성이 들렸다.

"5리를 가자면 10리를 가 주어라."

아! 주님께서는 주님의 수준으로까지 오르기를 원하시는구나!

시간이 없어 쩔쩔매는데 그런 요구도 들어 주기를 원하시는구나!

이후 그분이 원하시는 음식점에 가서 같이 식사하고 돌아왔다.

4. TV를 끄고 성경을 읽어라!

기독교 방송을 보면서 채널을 돌리고 좀 듣다 불편한 마음에 또 돌리려는데 주님의 음성이 들려왔다.

"TV를 끄고 성경을 읽어라!"

좀 편히 목사님 설교를 TV로 보는 것으로 때우려 했던 나를 지켜 보고 계셨다.

그때부터 성경 읽기에 몰두했는데 잘 알 수 없었다.

"하나님! 제가 성경을 읽을 때 함께하시고 말씀을 전해 주세요." 하고 기도를 드렸다. 기도를 드리고 난 후 읽는 성경이 너무 재미있고 계속 읽고 성경에 나와 있는 사람들 그 당시의 영성도 알려 주신다. 성경 말씀 레마도 더 많이 전해 주셨다.

하나님! 감사드립니다.

5. 너는 사회에서는 드레스 코드를 맞추어 입고 가더구나

교회 기도회에서 어떤 색상의 옷을 입고 오라고 했다. 찾아보니 좀 누렇게 변한 옷밖에 없어 교회 드레스 코드를 무시하고 다른 색상 옷을 입고 가려는데, 주님의 음성이 들렸다.

"너는 사회에서는 드레스 코드에 맞춰 입고 가더구나!"

좀 서운해 하시는 것이 전해졌다.

"죄송합니다. 교회에서 지정한 색상의 옷을 입고 참석하겠습니다."

좀 누렇게 변한 옷을 다려서 입고 기도회에 갔다.

사회적으로 지위가 있는 사람들 모임에는 복장 규정을 맞추어 입고 가면서 교회에서 원하는 복장 규정을 무시하려는 나를 다시 한번 뒤돌아보게 하셨다.

6. 나는 네가 책을 쓰길 원한다

2008년부터 영적 선지자분들이 말씀을 전하기 시작했다.

"주님께서 책을 쓰길 원하십니다."

"책을 써야 할 시기입니다."

"주님께서 당신의 기도 노트를 보고 계신다고 합니다."

"주님께서 책을 주시는 것이 보입니다."
"제가요?"
"저는 목사도 아니고 신학을 한 사람도 아니고 제 전문 분야는 미술인데 미술이 아니라 하나님 나라에 관해 쓰라고요?"
"에세이 모임에서도 모두 책을 내었지만 나는 책을 내지 않았고 다른 이들의 책을 읽다가 지적 허영이라고까지 생각했는데요."

주님께서 오랜 시간 책을 쓰라 하셨지만 내가 손을 대야 하는 부분이 아니라고 스스로 판단했고 그림도 시간이 매우 필요한 작업인데 하며 그렇게 세월을 보냈다.

주님께서 "너의 완벽주의를 고쳐주겠다."라는 말씀을 주셨다. 그리고 환상을 보여 주셨다. 박스 몇 개를 싣고 이사 가는 것을 보여 주셨다.

'아니 이사를 가는데 박스 몇 개만 가지고?'

영적으로 깊은 목사님에게서 내가 본 똑같은 환상을 보여 주시며 전해 받게 하셨다.

얼마 후 나는 서울에서 떨어진 조용한 곳에 기도 노트 박스를 가지고 오게 되었다. 그리고 깨닫기 시작했다.

'아! 이곳에 칩거하면서 그림도 잠시 쉬고 글을 쓰기를 원하시는구나!'

기도 노트에는 오랜 시간 하나님 나라의 영적인 터치에 대해 잘 몰라서 애가 탔었고 무슨 뜻인지 알려 주시기를 기도했고 교회에서 영적으로 깊은 경지의 분을 찾아가 무슨 의미인지 묻기도 했고 주님께서 지목하여 가라 하신 곳도 순종하여 갔을 때 그 사람의 상황을 알게 하신 것도 기록되어 있었다.

주님께서는 이 마지막 긴박한 시기에 하나님의 자녀들에게 영적인 터치를, 성령세례를, 은사를 폭포수처럼 부어 주실 것이다. 지금 시간이 긴박하므로 영적인 경험이 많은 나에게 담대히 글로 써서 전하기를 원하신다고 전해 받았다.

지금은 긴박한 시기이고 혼란한 시기이다.

주님께서 "내가 갈 때 너희에게서 믿음을 찾아보겠느냐."라고 하셨던 말씀이 계속 맴돈다.

마지막 때!

자녀들에게 예언, 은사, 치유, 강한 불세례 또 초자연적인 터치를 해 주시는데 사람들은 경계하고 이단으로 몰아 붙이는 경우도 많다.

하나님!

뒤늦게 순종함에 회개기도를 드립니다.

저는 아무 힘도 없으나 주님께서 하나님 나라의 다양한 영적 체험을 주셨고 또 전하라고 하셨습니다.

지금 이 시대에 더욱 하나님의 자녀들이 하나님 나라의 영적 세계에 대해 열리며 하나님의 직접적인 인도함을 받게 하여 주시고 특히 주님께서 택한 자녀들이 영적인 눈이 열리게 기름을 부어 주옵소서!

하나님께서 택하셨으나 영적으로 아직 어린 자녀들을 크게 성장시켜 주셔서 주님의 뜻, 주님의 사랑이 그들에게 전해지게 하여 주옵소서!

주님! 이 글을 쓰는데 눈물이 납니다.

주님의 간절한 마음이 전해집니다.

그들이 하나님의 사랑을 받기를 간절히 기도드립니다.

7. 예수님 생일 파티해 드리기

매번 성탄절에 무언가를 했지만 시간이 지나자 형식적인 사역이 아닌가 하는 생각이 들었다. 사람들보다는 예수님께 직접 생일 파티를 해드려야겠다는 마음이 들어 소박하게 사람들이 하는 생일 파티같이 예쁜 케이크를 사서 촛불을 켜고 어린아이들처럼 깔깔거리며 "예수님의 생일을 축하합니다."라고 말하고 노래도 불러 드리고 손뼉도 치고 즐거워했다.

그런데 주님께서 사인을 보내 주셨다. 손에 전류가 강하게 전해졌다. 깜짝 놀랐다.

'아! 진심으로 사랑을 담아 생일 파티를 해 드린 것에 주님께서 사인을 보내 주시다니.'

감격했다. 이후로도 한동안 소박하지만, 진심 어린 예수님에 대한 사랑, 감사를 품고 예수님 생일 파티를 해 드리다가 좀 멋진 곳에서 주님께서 주신 재능으로 파티를 해 드리고 싶어 12월에 예술의전당에서 <장영주 아가페전>을 열어 드렸다.

그런데 단순히 그림을 관람한 사람들이 화가를 만나서 간증할 것이 있다고 찾아왔다. 주님의 임재를 느꼈다고 하는 사람, 아픈 심장이 갑자기 시원해지고 아프지 않은데 이게 무엇이냐고 묻는 사람, 작품을 관람하는 사람들이 곳곳에서 울고 있고 4-5살 아이들은 "엄마 여기 예수님 계셔" 하고 마구 뛰어다녔다.

사람들은 나에게 "왜 그림 전시장에서 오순절의 임재가 전해지냐"고 물어보았다. 나는 잘 모르는데 주님께서 나의 특별한 생일 파티를 기쁘게 받아 주셨다는 생각이 들었다.

그동안 깊은 경지의 영적 거장들에게 받은 예언이 풀어지는 것이 전해졌다. 최근에는 젊은 영적 거장에게 너의 책, 너의 그림을 통해 한 사람의 영혼도 빠짐없이 구원하겠다는 말도 전해 받았다.

예수님! 감사합니다.

저의 그림, 저의 책을 영혼을 구하는 통로로 사용해 주셔서 감사합니다.

사람들은 생일을 기뻐하지만, 예수님께서는 생일이 마냥 기쁘시기만 하실까 하는 생각이 들면서 다음에는 성탄절보다 부활절 파티를 해 드려야겠다는 생각이 들었다.

8. 예수님께서 신청하신 곡

아침에 일어나 눈을 뜰 때 어떤 말씀 구절이 떠오르기도 하고 레마를 주기도 하시는데 오늘은 찬양 <사랑합니다. 나의 예수님>과 <온 맘 다해 사랑합니다>가 떠올랐다.

보혈 찬양을 위주로 불렀는데 주님은 사랑 그 자체이시니 사랑 찬양을 더 듣고 싶으신가 보다. 찬양 올려 드릴 때 주님에 대한 감사와 사랑을 담아 마음을 다해 찬양을 부른다.

찬양을 부를 때 강한 임재를 느끼는데 손이 뜨겁고 심장이 두근두근 하고 강한 반응이 온다. 영적인 깊은 경지에 있는 분들에게 찬양을 부를 때 지혜를 부어 주신다고 전해 받았다.

나에게는 금 조각이 떨어지는 환상을 보여 주셨는데 같은 환상을 다른 분에게도 전해 받았다.

9. 용서하라! 그리고 축복기도를 해 주어라!

오래 전에 남편은 00을 공부시켜 주자고 했다. 망설이고 있는데 공부도 잘하고 나라의 일꾼이 될 것 같다고 공부시키자 했다. 친정어머니도 "남도 돕는데 친척이니 데리고 있으면서 공부시켜 주라."고 하셨다.

나 자신도 너무 바쁘고 자상한 편도 아닌데?

어느 날 그 아이는 책 몇 권, 티셔츠 하나 든 가방을 들고 우리 집으로 들어왔다. 그날부터 나는 더 바빠졌다. 속옷부터 겉옷까지 사 주어야 했고 등록금, 용돈, 병원비까지 대주었다.

"나중에 다 갚아요. 그래야 삼촌도 떳떳할 테니."

"예, 감사합니다. 꼭 갚겠습니다."

용돈줄 때 등록금줄 때 항상 그렇게 말했다.

그런데 그 아이는 운동권이었다. 국정원에서 찾아와서 나는 공포스러웠다. 그 아이는 도망다니고 그러면 중간에 만나 옷가지, 돈을 전해 주고 좀 잠잠해지면 다시 집으로 들어오곤 했다.

그 아이는 나의 가치관과 매우 다르고 과격적이어서 남편에게 이야기를 나누어 보라 했으나 그 아이의 주장은 강경했다.

어느 날 졸업을 앞둔 시기에 그 아이 집안에서 무언가 더 요구하여 거절했는데 그 부모가 무어라 전했는지[?] 그 아이는 술을 마시고 들어와 내 집을 때려 부쉈다.

어이가 없었다.

얼마 후 일을 마치고 집으로 들어오니 아주머니가 도리어 미안해서 어쩔 줄 몰라 하셨다.

"제가 삼촌에게 사람이 그러면 못 쓴다고 말렸는데, 방안의 가구, 짐을 다 싸서 용달차에 실어 나가 버렸어요."

"우리 선생님 어떡하나?

너무 속상해 하지 말세요. 마음 상하지 마세요."

얼마 후 그 아이는 아무 일도 없었다는 듯이 결혼할 여성을 데리고 우리 집에 나타났다. 밥도 차려 주고 내색하지 않았다.

결혼식에도 갔다.

좀 지난 어느 날 나는 그 아이에게 전화로 왜 그렇게 했는지 이야기 좀 나누자고 했다. 그 아이는 어떤 커피숍을 지정했다. 커피숍에 앉아 기다리고 있는데 낯선 젊은 청년들이 나의 주변에서 서성거렸다.

"어떤 게 형수야? 어떤 게 형수야?"

그들은 한 손을 펴서 주먹으로 치는 시늉을 했다.
정신을 차려야 했다.

이 커피숍에서 누군가에게 도움을 받을 사람이 있을까?
이들은 어느 정도 험악한 사람들인가?
나의 입장을 이야기해서 이해를 구할만한가?

긴장하고 있는데 그중 한 명이 바로 내 앞에서 전화를 했다.
"우리가 보니 점잖은 분 같은데 우린 손 떼겠습니다.
형님이 하세요."
전화를 끊고 커피숍에서 나가 버렸다.
숨이 멎을 뻔했다.
주변 사람의 도움을 받아 택시를 타고 집으로 들어왔는데 충격을 받아서인지 몸 왼쪽이 마비가 왔다. 이후 극심한 충격으로 자주 몸에서 마비 증세를 일으켰다. 정신적으로도 불안하여 병원에 가서 상담도 받고 하였지만 극심한 분노가 자주 일어났다.

그림을 그릴 수 없을 정도였고 심리적으로 오랫동안 힘들었다. 그 집안 사람 누구에게라도 공부시켜 줘서 고맙다는 인사도, 행패에 대한 사과도 받지 못했다. 그렇게 필요할 때 찾아와서 도움을 청할 때와 전혀 다른 태도를 보였다. 그들에겐 무언가 특이하고 확고한 소신이 있어 보였다.

필요할 때 누구든지 찾아가서 도움을 청하고 운동권 학생으로 사는 것이 대단한 애국자라는 자아도취에 빠져 잘 운영되는 공장에 학벌을 속이고 취업해 직원들을 선동하여 회사를 어렵게 만들었다. 사상, 가치관이 전혀 다른 나라 사람들 같아 보였다.

문제는 오직 그들만이 올바르게 살고 있다는 확고한 신념이 있다는 것이었다. 또한, 그들의 결속력은 대단했다. 그들은 그들 내부의 사람이 심각한 잘못을 해도 가까운 사람은 무조건 옳다고 생각하고 결사 부대를 동원하여 감싸 주지만 상대방은 공격을 가하는 태도를 보였다.

한참 세월이 지난 후 지금에 와서 그들의 사고 방식, 삶의 태도에 대해 다시 한번 묵묵히 바라보게 된다.

어떤 환경, 어떤 틀에 부어져서 살아가면, 또 같은 사고 방식의 사람들과만 교류한다면 그렇게 형성되는 것일까?
그들은 객관적으로 판단할 능력은 없는 것일까?
그래도 북한에서 돈을 받아 공부한 것보다는 나으리라!

오랜 시간 극심한 고통 속에 있던 나는 하나님께 이 문제를 올려 드렸다.

하나님께서 말씀하셨다.
"용서하라."
쉽지는 않았지만, 용서하고 난 후 어떤 모르는 사람이 와서 전해 줄 말이 있다고 했다.
"주님께서 용서하셔서서 아름답다고 하셨어요. 분화구에서 꽃이 피었다고 하십니다."
이후 산 볼츠 목사님께 말씀을 받게 되었는데 마음으로 그리는 그림이기에 먼저 마음을 치유해 주셨고 또 나의 그림을 보면 사람들이 치유된다고 하셨다.
우리는 하나님의 마음으로 세상 살기를 잘해 낼 수가 있을까?
오랜 시간을 낭비하고 상처받고 난 후에야 하나님의 방법을 따르는 것 같았다. 좀 더 일찍 하나님께 순종하였다면 깊은 상처의 흔적은 안 생겼을 텐데 ….

주님은 도리어 "그 사람에게 축복기도를 해 주어라. 사랑하라."고 하신다.

예수님은 정말 하나님 자녀가 예수님 수준이 되길 원하셨다.

10. 우리를 다듬으시는 예수님

일 중독 성향

우리가 보는 나와 예수님께서 원하시는 모습은 달랐다.

어느 날 주님께서 나의 일 중독 성향에 대해 고치시기를 원하셨다. 그런데 나는 일 중독 성향이 왜 고쳐야 할 정도의 상황인지 잘 알지 못했고 도리어 반발하는 마음도 생겼고 좀 억울해하기도 했다. 최선을 다해 살았고 허튼짓도 하지 않고 열심히 살았다고 나 자신이 스스로 판단했던 것 같다.

왜 그런지 자세한 상황은 모르겠으나 일주일 동안 딸꾹질이 나왔다. 반발하는 마음이 있어서가 아닌가 생각이 들었다. 좀 시간이 지나자 느긋해진 나를 보게 되었다.

아침에 일어나 정리하고 엘리베이터에 타서 이웃과 인사 나누고 이야기하면 몰입에 지장이 생길까 봐 계단을 통해 곧장 화실로 갔던 나였는데….

어느 날 느긋하게 오전 시간에 커피를 마시며 가족과 이야기하는 나를 보게 되면서, 주님께서 일 중독 성향을 고쳐 주심을 알았다. 시간을 뺏기는 것을 아주 싫어하던 내가 시간을 내어 이웃을 챙기고 아픈 사람 집에 찾아가 치유기도도 해 주는 것이었다.

일 중독 성향이 있으면 남에게 시간을 내주고 배려하기가 어렵다는 것을 그제야 깨달았다.

예수님! 감사드립니다.

완벽주의

주님께서 너의 완벽주의를 내려 놓아야 한다고 하셨다.

"완벽주의가 왜요?"

이해하기가 어려웠지만 주님께서 보시기에 고치기를 원하신다면 순종하고 고쳐 주시기를 기도하였다.

주님께서 글을 써라. 책을 쓰라 하시는 데 난 나의 전공도 아니고 내가 손을 대면 안 되는 부분 같았다. 그림도 화풍을 바꿀 때 초기에 작품이 마음에 안 들어 울기까지 하자 주님께서 위로의 말까지 주셨다.

주님은 한 단계 한 단계 올리시기를 원하셨다.

좀 미숙하더라도 주님께서 책을 쓰라 하셨으니 순종해야 한다는 마음이 생겼고 글을 쓰기 시작했다.

완벽주의는 본인도 힘들고 주변의 사람도 힘들게 하는 것을 뒤늦게 깨달았다.

하나님! 감사드립니다.

고쳐 주심에 감사드립니다.

교만

성령님께서 열린 환상으로 동창들과 모임에서 교만한 나의 모습을 보여 주셨다.

"아~ 내가 교만함이 있었구나!"

교만함을 알게 되고 고쳐 주시기를 기도드렸다.

그 좋은 친구들 앞에서도 교만했다니?

주님께서 교만을 고쳐 주셨나 보다. 작가 선배 한 분이 말씀하셨다.

"난 장 선생이 도도하고 국제적인 그때 모습이 더 멋있었는데 … ."

"하하! 제가 도도했군요."
하나님! 고쳐주심에 감사드립니다.
'교만할 거리도 없는데 우쭐대고 도도해서 얼마나 우스꽝스러웠을까?'
이런 생각이 들고 민망했다.
삼위일체 하나님! 고쳐주심에 감사드립니다.
주님께서 아직도 교만하다 하신다.
에고, 바닥에 바짝 엎드려야 하는데 죄송합니다.
열심히 낮아지겠습니다.
주님의 인도하심이 필요합니다.

말

주님께서 "내가 너의 말을 고쳐주겠다."고 하셨다.
어느 전도사님이 주님께서 "주위에서 선생님에게 말을 붙이기 쉽게 하겠다." 하셨다고 전해 주셨다.
또 주님께서 "너의 비판하고 판단하고 정죄하는 것을 고쳐야 한다. 그것은 네가 하나님이 되는 것이다."라는 레마를 주셨다.
말은 정말 중요한데 아직도 가끔 비판의 말이 나온다.
이른 저녁 때 회개기도하고 또 다시 비판, 정죄하는 말을 하는 나를 본다. 회개기도하고 또 말실수하고 ….
예수님! 저의 부족한 인성으로는 말을 고치기가 어렵습니다.
제 입에 숯불을 올려 주시고 입을 지키게 하여 주옵소서!
우리가 자신을 보는 시각과 예수님이 원하시는 모습은 달랐다. 예수님께서는 오랜 시간 우리를 다듬고 계셨다. 그러한 상황에서도 주님은 우리에게 자유의지를 허락하셨다.
"네, 제가 그런 부분을 고쳐야 한다면 고쳐주십시오."라고 말해야 고쳐주신다.

주님께서는 얼마나 답답하실까?

　미물인 인간을 사랑을 가지고 바라보시면서 주님께서는 우리를 다듬고 예수님과 비슷하게라도 해 주기를 원하셨다. 우리 인간의 능력으로는 예수님과 비슷하게라도 될 수 없으니 주님께서 직접 나서서 다듬어 주고 계셨다.

　사람들은 예수님께서 자녀에 대해 헤아릴 수 없는 사랑과 큰마음을 가지고 계심을 알아야 한다. 예수님을 기쁘게 해드리지는 못해도, 최소한 예수님을 가슴 아프게 하지는 말아야한다.

11. 잊고 있었던 십일조를 생각나게 하시다

　하나님의 은혜로 30대에 건물을 가지게 되어 소신껏 그림 작업을 할 수 있었다. 그런데 주님께서 가라 하신 교회가 더 멀리 이사하게 되어 건물을 관리하기 어려워 팔아야겠다고 생각하는데 처음 우리 건물에 들어올 때부터 '참 신실한 부부'라고 생각했던 분이 건물을 사고 싶다고 했다. 당신들이 이 건물로 들어와 사업이 번창하여 이 건물을 사고 싶다고 했다.

　"하나님! 저분들, 특별히 사랑하시는 자녀이지요?"

　그 부부에게 팔았다. 주님께서 그 건물을 축복하여 주셔서 나의 건물에 들어오는 분들이 금방 집도 사고 확장해서 나가는 축복을 부어 주셨는데 그분이 그 건물을 사서 더욱 축복받을 수 있겠다고 하는 감동이 왔다.

　그리고는 집도 화실도 멀리 이사하느라 바빴다. 그런데 '아차, 그 건물 판 것에 대한 십일조를 안 했다'는 것을 생각나게 하셨다. 정확히 계산하여 십일조를 내고 은행에서 나오는데 주님께서 사인을 두 가지나 보내 주셨다.

　하나님! 감사합니다.

　건물을 주셔서 그동안 평안하게 그림 작업을 할 수 있었습니다.

감사합니다.

세금을 많이 내야 하는 상황이었는데 갑자기 무슨 법이 통과되어 세금도 아주 적게 내게 되었습니다.

하나님! 감사합니다.

12. 하나님에 대한 의심이 생길 때

믿음이 굳건 했던 사람들도 의심이 생겨 하나님을 떠나는 경우가 많다. 심지어 유명했던 목사님도 어느 날 갑자기 천국, 지옥이 없는데 내가 시간을 낭비한 것 같다고 설교하는 것을 듣기도 했고 나 역시 하나님을 떠난 적이 있었다.

우리 집안은 외할머니 때부터 가정 예배를 드리는 신실한 집안이었고 하나님의 음성, 초자연적인 경험과 축복도 경험했던 나였지만 교회 안의 분위기는 견디기 힘들었었다.

아직 믿음이 어렸던 시기에 교회를 떠나니 금방 의심이 생겼고 믿음이 없어졌다. 친구들이 나섰지만, 교회에 다시는 가고 싶지 않았다. 교회의 모든 사람이 성숙하고 신실하고 다 천국 수준은 아니기에 힘들어하는 사람들이 많았다.

이모가 적극적으로 끌어 주셨다. 이모의 영성이 더 높은 경지여서라고 느껴지는데 이모의 말을 듣자 곧 믿음이 생겨 다시 교회를 다니기 시작했다.

학구적인 사람들은 더욱 영적인 존재인 하나님을 믿기가 어렵다. 하나님을 믿는 것이 참 어렵다. 영적으로 성숙해져서 하나님과 교류하기도 어렵고 끝까지 믿음을 유지하는 것은 더욱 어렵다.

하나님과 친했던 케네스 해긴 목사는 그의 저서, 『믿는 자의 권세』에서 "의심이 들 때"에 대해 이렇게 조언한다.

나는 언제나 두려움과 의심에 대해서 권세를 취했습니다.

내가 의심하도록 유혹받을 때 나는 "의심아! 나는 예수의 이름으로 너의 의심을 대적한다."고 말했습니다.

당신도 이렇게 할 때 의심과 두려움이 당신을 떠나 버릴 것입니다.

우리는 심지어 진리를 거슬리는 사람들에 대해서도 권세를 가지고 있습니다.

13. 하나님을 요술램프로 생각하는 사람

사람들에게 기도 부탁을 받을 때가 있다. 그러면 주님께서 어떤 부분을 먼저 바르게 해야 한다고 한다든지, 회개가 필요하다고 말씀해 주셨다. 또한, 어떤 말씀도 전해 주시고 환상으로 어떤 부분을 전해 주기도 하셨다.

"부모님 공경에 문제가 있다고 하시는데 부모님 공경부터 해야 사업에 축복을 부어 주실 것 같네요."

"어떤 사람과 공정하게 나누지 않은 것이 있다고 하세요."

먼저 이 부분을 바르게 하셔야 기도에 응답하실 것 같다고 권해 보지만, 대부분의 사람은 그런 일을 회개하거나 주님께서 원하시는 대로 바로 잡기보다는 무조건 기도에 응답해 주시고 축복해 주시기를 바란다. 이해력이 떨어지는 것이 아니라 자신의 욕심대로 예수님께서 즉각 즉각 응답해 주어야 신이라고 생각하는 모양이다.

어떤 분은 교회에서 수백 명이 어떤 사람을 살려달라고 기도했는데 그분이 돌아가시니 예수님이 없다고 생각해 교회에 안 나간다고 했다. 주님께서는 그분이 힘든 병에 고통스러워하는 것보다는 하늘나라에 올 자격이 되어 데려 가셨고 이 땅에서보다 더욱더 행복하게 사는데도 말이다. 이분이 영적인 세계를 모르니 무어라 설명하여 이해시키기가 어려웠다.

모두가 기도한다 해도 주님께서 똑같이 관심을 가지고 들으시는 것은 아니다. 밤을 새우고 기도한다 해도 세속적으로 사는 사람의 기도는 듣지도 않으시고 관심도 없으시다.

또한, 죄가 커 악한 영이 가로막혀 있어 기도가 상달되지 않는 사람들도 많다. 이럴 경우는 먼저 회개기도를 하여 악한 영이 기도를 막는 것을 파쇄시키고 기도해야 한다. 진정한 마음으로 회개기도를 드리고 하나님의 질서와 하나님의 규칙을 지킨다면 세상 우주를 창조하신 전지전능한 하나님, 예수님, 성령님께서 무한한 은혜를 부어 주실 것이다.

하나님께서는 언제나 이 땅을 주시하고 계신다.

누구 예뻐할 만한 인물이 있나?
축복해 줄 만한 인물이 있나?
누가 나의 말을 준수하고 신실하게 사는가?

늘 지켜 보시는 하나님 눈에 돋보인다면 하나님께서는 그 사람을 다윗처럼, 요셉, 다니엘처럼 선택하실 것이다.

우리 인간에게 하나님이 안 보인다고 하나님께서도 사람들이 안 보이실까?

그렇지 않다. 그 사람의 모든 것, 삶, 마음속의 생각까지도 읽고 계신다.
"그래, 네가 기특하게 그런 생각을 했어! 그럼 내가 도와주지.
재정도 폭포수처럼 부어 주지.
그런 생각을 가지고 그림 작업을 했구나!
그래 그림 내가 그렇게 해 주지!
내가 전지전능한 하나님인 줄 네가 알게 되리라."

인간의 아이큐 100 언저리 수준으로 하나님을 어떻게 이용해 보겠다, 속여 보겠다는 생각은 하지도 마라, 주님께서 웃고 계신다.

지금 당장 회초리를 들지 않으신다고 당신들의 범죄를 모르시는 것이 아니다. 하나님의 시간에 혹독하게 치실 것이다.

아무도 없는 아무도 안 보는 곳에서 하나님께서 기뻐하시는 일을 했다고 주님께서 모르시지 않는다.

언제나 "고맙다. 내가 다 받았다."고 하신다.

하나님께서 조그마한 미물인 인간에게 어떻게 고맙다고 하실까?

그런 멋지고 점잖은 분이 우리의 주님이시다.

믿음이 조금이라도 있는 자들은 하나님, 예수님, 성령님을 감히 어떻게 속여 보겠다고 어떻게 이용해 보겠다고 생각하지 말아야 한다. 가소로운 짓을 하며 하나님 눈 밖에 나지 말아야 한다. 미련한 짓이다.

진실로 진실로 기도드리며 진실한 마음을 담아 찬양을 드려라. 그렇게 해야 주님께서 관심을 가지고 주시하여 보시고 가까이 다가오신다.

사람들은 줄서기를 잘해야 한다고 생각한다. 출세를 위해, 권력을 위해 인생을 바쳐 세력 있는 사람에게 충성을 다한다. 충성을 다 하다 감옥까지 같이 가기도 한다.

이 땅에서의 소소한 것에서도 그렇게 목숨을 거는데 하나님께 충성을 다해 보라.

당신의 영원한 삶에서 하나님께서 얼마나 축복을 부어 주시는지?

"오직! 하나님만 바라라."

제7부

교회에 대하여

1. 사랑제일교회로 가라

 어느 날 주님께서 사랑제일교회로 가라 하셔서 예배 한 시간 전에 갔지만 본당은 들어갈 수가 없었다.
 교회 안내팀이 나를 한 번 쳐다보더니 새신자반으로 가라고 한다. 새신자반에 앉아 있는데 본당에 자리 하나가 있다고 나오라 하여 성전 본당에 들어갔다.
 그런데 나의 앞자리 여성 두 명이 눈에 들어 왔다. 한 명은 계속 코를 풀고 유리병에 가래 침을 뱉고 또 한 명은 예배 중 셀카를 찍고 찬송을 부를 때 세속적인 춤을 춘다(?)
 '이 사람들 뭐지?'
 전광훈 목사님 전화번호를 알아내 문자를 보냈다.
 두 사람이 한 팀이 되어 계속 침을 뱉고 코를 풀고 다니는데 조사해야 할 것 같다고, 이 당시 다섯 명이나 같은 문자를 보냈다고 하셨다.
 본당에서, 화장실에서, 계단에서 침을 뱉고 코를 푸는 사람들 보았다고⋯.
 이후 사랑제일교회는 코로나 확산 주범으로 몰려 언론의 집중 공격을 받았다.
 난 사랑제일교회를 방문만 했는데도 추적되어 조사를 받았다.
 주님께 기도했다. 저 주님께 순종하여 갔는데 코로나 걸리지 않게 해 주세요.
 코로나 바이러스를 일부러 뿌리고 다니는 자 바로 뒷좌석에 앉았는데도 주님께서 기도를 들어주셔서 안전하게 보호해 주셨다.
 조사 결과 음성이 나왔는데도 보건소 직원이 집앞에 와서 봉변을 주며 소리쳤다. 밤 11시에 음성이라고 서류를 보여 주어도 무슨 사인을 하라고 전화해 대는 공무원들⋯.

이상한 나라 같았다.

이후 교회에 헌금을 했다고 은행계좌 추적을 했다는 용지를 두 번 받았고 8.15 집회에 나가지 않았는데도 나의 화실 CCTV까지 추적했다.

전광훈 목사가 문재인 정권에 강하게 대항하니 그 주변에만 가도 집중 추적을 하나 보다.

전광훈 목사님 구치소에 계실 때

새벽 한 시 반쯤 된 것 같은데 구치소 독방이 보이고 전 목사가 바닥에 누워 있는데 사방에서 악한 영 넷이 접근하는 것을 보여 주셨다. 일어나서 중보기도를 하였는데 그 당시는 전 목사님 구치소에서 자녀들에게 유언 같은 것을 보내셨던 때 였다.

악한 영이 공격하려고 했다고 전해진다.

사랑제일교회를 철거하려 할 때

젊은 교수가 사랑제일교회에 같이 가서 기도 좀 함께 해 달라고 집으로 와 함께 갔다. 문 정권에 대항하는 이 교회를 보호해 달라고 기도드렸다.

새벽 3시쯤 될 때 갑자기 웃음이 나왔다. 응답하신 것 같아 지인에게 말했다.

"기도 후 웃음이 나오는 것으로 보아 응답하신 것 같아요."

새벽 5시쯤 교회를 부수러 오기로 한 용역이 안 오기로 결정했다는 뉴스가 나왔다.

이 교회가 지켜진다는 감동이 왔다.

철야기도회까지 침투하는 좌파 여기자

이후 사랑제일교회에 나라를 위한 기도를 하려고 몇 번 갔을 때 기도 중에 시끄럽다고 소리치는 여성이 있었다(?).

선포기도를 하는데 교회 2층에서 사진을 찍었다. 교인들이 사진 찍으면 안 된다고 해도 계속 찍었다. 2층에 올라가서 살살히 찾아보니 얼굴을 아는 M 방송국 여기자였다.

철야기도회까지 침투한 좌파 여기자, 좌파 단체 여성들이 마치 철야기도회에 온 신자처럼 철야기도회가 끝날때까지 교회 예배당안에 있다

무엇을 알아내려고?

나라를 위한 기도를 할 때 눈물이 쏟아졌다.

나라를 위한 기도회에 어느 정도 다녔을 때 주님께서 이제 이곳을 떠나 집에서 기도하라 하셔서 이후 집에서 나라를 위한 기도를 하고 있다.

그 교회는 목사님뿐 아니라 교인들도 고생이 많았다.

이후 전광훈 목사님의 언어 표현에 회의를 느껴 많은 중보기도자가 떠났다.

2. 저 목사는 이제는 나의 자녀가 아니다

대형교회 목회자로 있는 나의 친구가 서 있는데 몸에 시커먼 점이 크게 있다. 나는 건너편에서 바라보며 '저 친구 몸에 왜?' 하고 걱정하고 있을 때 옆에 누군가 계셨다.

음성이 들렸다.

"이제는 나의 자녀가 아니다."라고 하셨다.

얼마 후 또 그 친구에 대한 환상을 보여 주셨다. 그 대형교회 앞 광장 같은 곳에 내 친구가 넘어져 있고 주변에서 교인들이 손가락질을 하는 것이었다. 일주일쯤 후 그 친구가 내 집을 찾아왔다. 마치 아무 일이 없는 듯 말을 연출했다.

"주님께서 너에 대하여 환상을 보여 주셨어."

이후 그녀는 아무 말도 하지 않았다.

그 친구 모습이 너무 많이 변해 내 가족들도 친구 맞냐고 물었다. 그 친구는 뛰어난 재능이 있는 친구였는데 일반대학을 졸업한 후에 신학을 하고 목회자의 길을 갔지만 반복적으로 죄를 지으니 주님께서 이제는 나의 자녀가 아니라고까지 하셨다.

그 검은 점은 마귀가 오랜 시간에 걸쳐 찍어 놓았을 것이다. 마귀의 길고 긴 팔에는 무수히 많은 검은 점이 있는데 마귀에게 오랫동안 끌려다니니 검은 점을 많이 찍어 놓았다는 생각이 들었다.

목회자였지만 주님의 인치심이 아닌 마귀의 검은 낙인을 받다니 ….

너무 슬펐다. 그 친구를 끌어내지 못했다. 그 환상은 한 명에 국한된 것이 아니라는 생각이 들었다. 더 많은 목사가 퇴출을 당할 것이다.

나는 주님께 나의 다른 친구 OOO 목사를 왜 크게 쓰지 않으셨냐고 물은 적이 있었는데 설마 주님께서 답변을 주시리라고는 생각하지 못했다.

얼마 후 주님이 음성으로 들려주셨다.

"자아를 내려 놓지 못해 크게 못 세웠다."

또 유럽에서 공부한 목사는 예수님을 역사적으로 지나간 인물로 치부하고 있다는 생각이 들었다. 신령과 진정으로 예배드리기보다는 그럴싸한 무대를 꾸미고 있다는 느낌이 들었다. 하나님을 믿지도, 하나님의 자녀로 살고 있지 않지만, 설교를 그럴싸하게 하니 교인들은 그의 학벌을 믿는다는 생각이 들었다.

또 다른 어떤 교회에 가서 예배드릴 때 이 교회는 하나님보다 교인들에게 그럴싸하게 보이는 것을 더 중요하게 생각하고 예배를 연출하고 있구나 하는 생각이 들었다 그때 예수님께서 하얀 긴 옷을 입으시고 발은 교회 바닥에 있고 몸은 마치 거대한 탑처럼 높이 솟아 있는데 얼굴은 하늘에 있으셨다. 주님의 얼굴이 무표정하고 담담한 모습이셨다.

하나님께서 크게 쓰시고 성령님의 역사하심을 수많은 사람에게 나타나 보이게 하셨던 목사님, 끝까지 변질하지 않고 하나님 앞에 바로 섰더라면 지금 한국이 얼마나 빛이 났을까 하는 생각이 자꾸 든다.

하나님께서 한국에 계획하신 프로젝트를 감당하기엔 한국 교회가 부족함이 많으니 한국 교회에 훈련의 시간이 필요하신가 보다.

여러 변질된 목사들이 보였다.

주님!
주님께서 아끼셨던 목사들입니다.
그들이 잘못할 때 안타까워 하시며 중보기도자들을 깨우며 기도하라 하셨죠.
그들이 잘못했을 때 중보기도자들에게 금식기도를 하라고도 하셨지요.
주님께서 안타까워 하시며 부족한 중보기도자에게 하소연의 말도 주셨던 기억이 납니다.
묵묵히 주님만 바라보며 성령님의 인도함만 따르고 늘 주님만 바라보며 순종의 길을 간다면 주님의 마음이 그렇게 슬프지 않으셨겠지만 정말 죄송합니다.
부족한 인간 수준입니다.
회개기도를 드립니다.
주님! 그들에게 다시 한번 기회를 허락하여 주옵소서.
주님께서 세우셨던 한국의 계획이 풀어질 수 있도록 한국 교회에 한국 목사에게 회개의 영을 부어 주옵소서.
회개의 영을 부어 주시기를 간곡히 기도드립니다.
불쌍히 여겨 주시고 회개할 때 그들을 다시 품어 주옵소서.
그들에게 주어진 임무를 완수할 수 있게 손잡아 주옵소서.

예수의 이름으로 한국 교회에 회개와 부흥이 일어났음을 선포하노라!

3. 3일 금식기도를 하라며 공중에 떠 계신 예수님

영적으로 어렸던 25년 전 중보기도자 초기 시절에 주님께서 어느 목사를 위해 3일 금식기도를 하라고 레마를 주시며 나의 어깨 위쪽 앞에서 공중에 떠 계셨다. 그때는 예수님의 발과 옷 하단만 겨우 볼 수 있었는데 난 너무 무서워서 움직일 수도 없었지만, 마음 한편에서는 왜 저 목사의 죄 때문에 내가 3일 금식기도를 해야 하는지 반감까지 생겼다.

그 다음 날 주님은 이번엔 오른쪽 어깨 위 앞쪽에 떠 계시며 기다리고 계셨는데 순간 눈물이 나왔다. 회개기도를 하고 3일 금식기도를 드렸다.

난 3일 금식기도를 드리면서도 저 사람의 죄가 큰데 3일 금식기도한다고 무슨 일이 일어날까 하는 생각까지 들었다.

정확히 3일째 되는 날 정오 12시 반쯤 진한 회색 연기 같은 것이 그 목사의 몸에서 빠져나오는 것을 보여 주셨다. 그 시기에 그 목사님에게도 영적으로 진입할 수 있는 표징을 보여 주셨다. 흰 와이셔츠에 김치 얼룩이 묻었는데도 그냥 입고 입었는데 저녁 때 그 얼룩이 없어지고 깨끗하게 된 것을 자신은 물론 교직원도 보았다고 한다.

정작 그 목사는 본인의 회개기도로 부족하여 주님께서 중보기도자에게 기도를 시켰고 그 죄가 삭제되는 영적인 세계를 전혀 인지하지 못했다.

그 목사님은 성령세례에 대해 부정적인 생각을 하고 있었고 교인들이 방언하는 것도 막고 있었는데 주님께서는 안쓰럽게 생각하시어 세 가지 말을 전하라고 하셨다.

주님께서는 또 다른 중보기도자도 보내셔서 성령님을 인정하라 전했지만, 여전히 성령님, 방언에 대해 부정적인 반응을 하고 있었다. 논리적인 성향이 강한 사람은 성령님의 역사 하심에 쉽게 이해하고 합류하기 어려운가 보다.

그러나 주님께서는 OO 목사를 지극히 사랑하셔서 가장 중요한 프로젝트도 맡기셨고 편지도 전해 주고 다시 회복시켜 주고 싶어 하셨다.

주님!
예수님의 일방적인 짝사랑이 아닌 OO 목사의 예수님에 대한 첫사랑이 회복되기를 기도드립니다.
성령훼방 죄가 얼마나 무서운 죄인지 알게 하여 주옵시고 자신에게 주어진 프로젝트를 충실하게 했다면 지금 이 땅에서 생명에 대해 소중함이 살아 있었음을 인지하게 하여 주옵소서.
다시 한번 기회를 준 것을 소중히 생각하고
지금부터라도 자신에게 맡겨진 일을 다른 사람에게 넘기지 말고
본인에게 주어진 일이므로 정성을 다해 임하도록 기름 부어 주옵소서.
예수님 이름 받들어 기도드립니다.

4. 너희가 똥 무더기에 버려질 것이다

2022년 영적인 꿈

똥 무더기 위에 남자 체격의 뼈만 보이는데 두 사람이었다. 머리는 잘려져 없고 팔, 다리뼈는 꺾어져 있었다. 살이 하나도 없었고 뼈만 앙상하게 있었다.
"하나님! 이것이 무슨 뜻입니까?"
말씀을 주셨다.

장영주 作 | 거짓 목사 | 73×67cm

장영주 作 | 어둠의 자녀에서 빛의 자녀로 | 73×67cm

"검은 잠수부 옷의 지퍼가 내려지고 빛으로 변하는 모습."

제7부 _ 교회에 대하여

[말라기 2장 1-3절]
제사장들아! 이제 이것은 너희에게 주는 훈계의 말이다.
너희가 나의 말을 명심하여 듣지 않고서 내 이름을 존귀하게 여기지도 않으면 내가 너희에게 저주를 내려서 너희가 누리는 복을 저주로 바꾸겠다. 나 만군의 주가 말한다. 너희가 받은 복을 내가 이미 저주로 바꾸었으니 이것은 너희가 내 말을 명심하지 않았기 때문이다.
나는 너희 때문에 너희 자손을 꾸짖겠다. 너희 얼굴에 똥칠을 하겠다.
너희가 바친 희생제물의 똥을 너희 얼굴에 칠할 것이니 너희가 똥 무더기 위에 버려지게 될 것이다.

영적인 꿈도 특이했는데 성경에도 그렇게 말씀하심에 놀랐다.

5. 성범죄를 지시하는 B 목사와 공범 교인들

[이사야 58장 1절]
목소리를 크게 내어 힘껏 외쳐라. 주저하지 말아라. 너의 목소리를 나팔 소리처럼 높여서 나의 백성에게 그들의 허물을 알리고, 야곱의 집에 그들의 죄를 알려라.

어느 날 환상을 보여 주셨다.
끔찍한 범죄였다. 키가 큰 중년남성이 병약해 보이는 여성을 두 손을 앞으로 나란히 하여 꼼짝 못하게 하고 한 손으로 해코지하라고 사인을 한다.
그 중년남성 앞에 줄 서 있는 남성들과 외면하는 남성들 두 그룹을 보여 주셨다. 뒤이어 줄줄이 잡혀서 묶여 가는 많은 남자의 뒷모습을 보여 주셨다. 그때 하늘에서 커다란 손이 내려오더니 그중 두 명의 얼굴을 돌려 나에게 보여 주셨다. 교회 담임목사와 수석 부목사였다.

환상을 또 보여 주셨다.

피해 여성이 바닥에 쓰러져 있고 B 목사 교인들이 동그랗게 모여 깔깔거리고 웃으며 손 가락질을 하는 모습을 보여 주셨다.

그 피해 여성의 얼굴을 또렷이 보여 주셔서 그 여성의 가족을 찾아갔다. 2017년 봄 저녁 때 딸이 들어왔는데 전쟁터에서 돌아온 패잔병같이 들어와 쓰러졌다고 했다. 걷지도 못하고 심한 소아마비처럼 절뚝거리고 기억도 상실되었다고 했다. 당사자는 물론 그 부모들도 위험했다.

오랫동안 치유기도를 해 주어야 했다.

그 부모는 학구적이고 신실한 사람들이었는데 모든 것을 놓을까 봐 염려되어 하나님께서는 얼마나 착실한 딸인지, 신실한 가족힌지, 지금의 이 상황도 아시니 그저 찬양을 올려 드리라고 전했다.

치유 사역하는 교회니까 병명을 알고 집 주소를 알고 부모가 없는 시간 아파트 관리팀을 매수해서 범죄자에게 정보를 주고 잔인하게 성범죄를 저지르고 영상까지 유포한 것이라고 알려 주셨다.

부모들 말에 의하면 처음에는 교회 남자들이 킥킥거리고 야유하고 쫓아다니더니 나중에는 여성 교인들까지 손가락질을 하고 웃으며 야유했다고 한다. 시간이 좀 지나자 거리 어디를 가나 사진을 찍고 야유당하는 상황까지 이르렀고 더욱 특이한 것은 경찰에 신문고에 검찰에 신고하여도 결국 사는 지역 O 파출소, S 경찰서가 담당인데 신청을 받아 주지도 않고 항의하니 신청을 받고도 아무 일도 안 한다고 했다.

심지어 그 부모가 추적하여 범인 용의자까지 사진을 찍어 경찰에 알려 줘도 도리어 그 범죄 용의자 L 택배 0000번 차량이 다른 곳으로 담당을 바꾸어 갔다고 한다.

주님께서 나에게는 그 범죄자 영을 보여 주셨는데 지시를 받고 범죄를 저지른 자의 영이 피해자 가족 앞에서 무릎을 꿇고 머리를 숙이고 있는 모습을 보여 주셨다.

하나님!
이 상황을 다 보고 계셨지요?
저에게 환상으로 보여 준 그대로 일이 벌어졌습니다.
어떻게 이런 심각한 범죄를 교회 담임목사가 자신은 숨어 범죄를 지시하고 마치 공산국가에서 기독교인을 성고문하는 것 같은 영상도 찍어 교인들에게 유포하고 낄낄거리고 이 자들이 주의 종 목사, 교인들입니까?
이 교회에 언제까지 치유 기름 부음을 부어 주실 것입니까?
이제는 이 교회에 기름 부음을 끊어 주시기를 기도드립니다.
이 땅에 하나님의 빛이 아닌 악한 마귀를 전파하는 이 자들을 모두 드러내 주옵시고 지시한 자의 자녀도 똑같은 범죄를 당하고 부모보다 먼저 이 땅에서 거두어 가 주십시오.
이런 범죄 피해자가 한 명뿐입니까?

한번은 석촌호수 앞에서 B 목사의 경호원 세 명이 산부인과 주차장에 서 있다.
왜?
유심히 보니 한 명이 지나가는 여성을 손가락질하니 다른 두 명이 그 여성 쪽으로 뛰어가 얼른 영상을 찍으니 흩어졌다.

또 환상을 보여 주셨다.
그 교회 안에 있는 여성 사역자가 바닥에 쓰러져 있는데 하반신에 돌무더기가 돌무덤처럼 쌓여있는 모습을 환상으로 보여 주셨다. 그 교회에서 나온 중보기도자들과 합심해서 기도하였는데 그 돌이 무거운 돌이 아니라 용암 같은 가벼운 돌이었다.

너무 가슴 아파서 주님께 계속 기도드리고 있었다.

하나님 그 교회 안에 아직 남아있는 신실한 자를 보호하여 주시고 악의 소굴에서 나올 수 있는 담대함을 부어 주옵소서!

장애가 있는 여성

그 교회 수석 부목사가 예배 설교 시간에 "발가벗은 거 다 들켰어요." 하더니 웃으며 자기 딸을 뒤 쫓아다녀 그 부모가 수석 부목사 예배 시간에는 가지 말라고 말렸고 다른 사람으로 교체되자 예배에 참석했는데, 갑자기 교회 남자들이 킥킥거리며 그 여성을 쫓아다니고 난리가 나서 그 수석 부목사를 쫓아가서 말없이 쳐다 만 보니 반말로 "내가 그런 거 아냐?" 했다고 했다.

그 부모가 범죄자가 어디에 범죄 영상을 올렸는지 알려달라고 교회 목사, 교인들에게 애원했으나 아무도 알려 주지 않고 더욱 많이 유포하여 길거리를 다닐 수도 없다고 했다.

하나님!
이 모든 상황 올려 드립니다.
하나님께서 일하여 주옵소서.
오래전에 결혼도 여러 번 하고 사생활도 문란했던 재벌이 수녀를 겁탈한 사건이 있었습니다.

그 수녀분은 저수지에 빠져 죽었습니다. 모든 언론이 모른 척하고 한 신문사만 기사를 내었습니다.

그때 제가 분노하여 주님께 이 재벌의 회사, 재산, 가족, 여자들 모두 내쳐 달라고 기도드렸습니다.

주님께서 그 재벌의 회사, 재산, 여자들, 건강까지도 내치신 것을 보여 주셨습니다.

주님! 이 교회 상황도 일하여 주옵소서.

[에스겔 21장 24절]
그러므로 나 주 하나님이 말한다.
너희의 죄가 폭로되었다. 이제 모두 알고 있다.
너희의 행실에서 너희의 온갖 죄가 드러 났으니
너는 벌을 면할 수 없다.
나는 너를 너의 적의 손에 넘겨 주겠다.

6. 주님의 횃불을 받았으나 변질된 B 목사

2009년 화실에 있는데 주님께서 특이한 사인을 주셨다. 펼쳐져 있던 성경책이 한 장 한 장 스스로 넘어갔다. 너무 놀라서 숨을 죽이고 쳐다만 보았다. 한참 넘어가더니 멈춰 섰다. 가서 보니 예레미아 말씀을 주셨다. 너를 인도할 교회로 보낸다고 하신 말씀을 주셨는데 그 교회가 어디인지 몰라서 다른 분을 통하여 확증해 주시기를 기도드렸다.

이후 환상을 보여 주셨다.

기찻길 위에 있는 기차에서 내려 놓고 새로운 기차를 올려 놓으시며 새로운 교회에 성령 부흥을 주신다고 전해 주셨다.

그 교회를 알게 하셔서 그 교회로 갔다. 그 교회는 성령 사역을 하는 교회였다. 예언, 성령의 은사를 받은 사람들이 많이 있는 교회였다.

예배에 참석했는데 예배 전에 교인들에게 프린트물을 한 장씩 나눠 주고 누군가가 앞에 나와서 읽는다. 전 교인 모두 프린트물을 보고 듣는데 담임목사가 버섯, 산삼을 캔 내용을 적은 글이었다.

'예배 전에 왜 이런 글을 다 나눠 주고 낭독하지?'

난 그 프린트물을 덮어 두고 가만히 있었다.

주님께서 중보기도자로 보내셨으니 중보기도와 대예배에 참석했다. 그런데 이 B 목사 설교가 다른 사람은 모두 틀리고 자기만 옳다고 주장하는 설교였다. 자기와 다른 설교를 하는 목사, 신학자는 모두 틀리다고 비난하고 자기만 옳다는 것이었다.

대통령 호칭도 "쥐"라 할 정도로 표현이 거칠었다.

교회에 대한 시비가 계속 있자 분노를 이기지 못하는 듯 설교 중에 갑자기 소리를 "아~ 악~" 지르기도 하고 눈에 틱 현상도 심하다. 누가 무어라 하건 그저 묵묵히 자신에게 주어진 길을 가면 될 텐데 하는 생각이 들었지만 … .

그 교회에서 치유를 시작하자 교인들이 갑자기 많이 늘어났다. 강남 지하에 있던 교회가 영등포에 땅을 사서 교회를 지으려 했지만 쉽지 않았다. 경매에 나온 건물 하나를 경매 받아 리모델링을 한다고 하는데 그것도 쉽지 않다고 한다. 주님께서 나를 중보기도자로 그 교회에 보내셨으니.

교회가 이사하는 지역이 너무 멀어 나는 건물과 아파트를 팔고 그 지역에 전세로 가서 중보기도를 하였다. 중보기도자 중 그 지역으로 먼저 이사를 가서 기도하시는 분들이 여러분 계셨다.

내가 이사한 집 앞에 그 교회 이전 반대협회 회장이 살고 있어서 놀랐다. 중보기도자들은 이렇게 출혈을 감수하면서 먼저 그 지역으로 이사해서 기도했지만, 담임목사는 다른 위험한 인물과 손을 잡았다.

그 지역 조폭과 손을 잡아 리모델링 문제를 해결했다고 설교 시간에 공개적으로 말했다. 여러 의견이 있었지만 자기가 조폭에 0억 주고 의뢰해서 쉽게 리모델링을 할 수 있었다. 지금도 조폭이 "형님 저예요." 하고 전화 온다고 설교 시간에 자랑(?)한다.

아! 어쩌나, 목사가 그런 조직과 손을 잡다니 ….

허탈했다.

치유 사역을 이끄는 여 목사님은 겸손하고 말도 조심하고 큰 하나님의 은혜라고 늘 설교했는데 ….

그 교회를 다니기가 너무 힘들어서 주님께서 이제 나오라는 말씀이 없는 상태에서 그 교회를 나와 다른 교회로 갔을 때 내가 너를 그 교회로 보냈다는 말씀을 주셔서 다시 그 교회로 돌아갔다.

중보기도할 때 감시하는 자들을 옆에 붙여서 자리를 여러 번 옮겨야 했다.

설교가 정말 특이했다.

"똑똑한 것들 다 필요 없다."
"저 사람 재산 00억 있으니 반은 교회에 헌금하게 하라."
"부목사들, 불만있으면 말해 내일 당장 해고할 테니까."
"다른 목사 설교 듣지 마라. 필요한 것은 내가 다 알려 준다."
"장로들 나서면 가만 안 둬."
"이 헌금에 함께 안 하면 지옥 가."
"죄지어도 교회 일하면 괜찮다."
"목사들 나한테 모두 와서 배워라."

나간 교인들의 사진과 잘못(?)을 적어 교회 벽에 붙여 놓기까지 했다.

광화문 애국운동에 참석하고 난 뒤, 세무조사 몇 번 받더니 태도가 돌변하여 본인은 물론 교인들도 광화문 애국 집회에 나가지 말라고 했다. 교회 카페에 애국, 그런 글을 올리면 삭제한다고 했다.

그러면서 한국이 공산주의 국가가 될까 봐 걱정되는 듯 "한국이 공산주의 국가가 되나, 중보기도자들 기도해 봐라. 난 이민갈 거다." 한다.

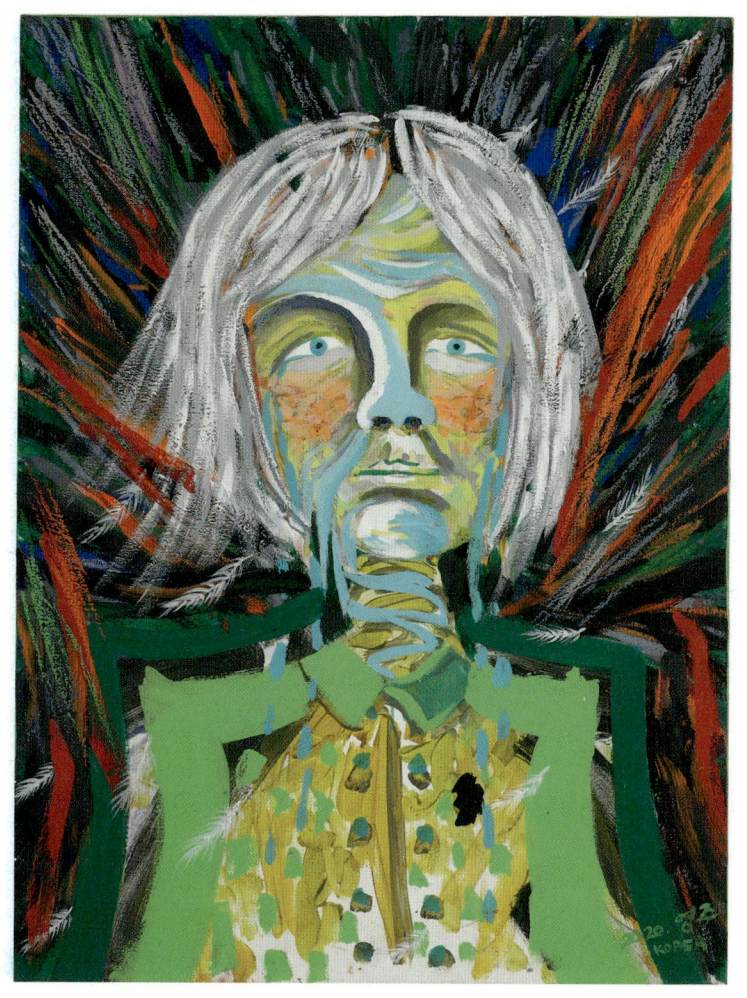

장영주 作 | 고난을 통과하는 여인 | 80×64cm

"고난을 담대히 통과하겠다는 의지를 그림."

기도자들이 한국은 공산주의 국가가 안 된다고 하니 이민은 안 가기로 한 모양이었다.

또 B 목사가 자신이 중2 때 미술상을 탄 미술 천재인데 가난해서 화가가 못되었다는 설교(?)를 여러 번 하여 나의 개인전을 알리지 않았다.

그런데 나의 그림 작업에 주님께서 화풍을 바꾸기를 원하셔서 하나님 영광을 전하는 그림으로 바꾸고 나서 2016년 예술의전당에서 장영주 아가페전을 했을 때 예언대로 특별한 상황이 일어났다.

4-5살 어린아이들이 "엄마! 여기 예수님이 계세요." 하고 신이 나서 뛰어다니고 관람객들이 화가를 만나고 싶다고 찾아왔다.

그리고 어떤 분은 가슴이 너무 아팠는데 시원해지면서 안 아프다 하고 "이게 무슨 일이냐?"고 묻는 사람도 있었다.

특히, 못 박힌 심장 작품 앞에는 사람들이 계속 울고 있었다.

"선생님 그림에 하나님의 임재가 있어요."

"이곳은 마가의 다락방 같아요."

나도 놀랐다. 산 볼츠, 캐더린 로날라, 댄포즈, 바스코니 목사님 그리고 한국의 여러 목사님에게 예언을 들었지만, 노트에 적어놓고 믿지는 못했던 것 같았다.

그런데 실제로 그런 일이 일어나다니!

"하나님! 저를 통로로 써 주셔서 감사합니다."

그동안 쌓아 올린 화가로서의 경력을 내려 놓고 누가 무어라 해도 최선을 다해 하나님의 통로가 되겠다고 다짐했다.

2016년 12월 개인전이 끝나고 2017년 1월에 담임 B 목사에게 이러한 상황을 편지로 알렸다.

그런데 의외의 반응이 나왔다.

B 목사의 비서라는 목사가 전화해서 다짜고짜 말했다.

"담임목사님께서 작가 활동은 하고 우리 교회에서는 나가 달라고 하셨어요."

"?"

몇 마디 말을 해 보았지만, 교회에 올 수 없고 중보기도실도 오면 안 된다고 했다.

어이가 없었다.

최소한 하나님을 믿는 자라면 "안정된 추상 표현 작가에서 늦은 나이에 하나님께 순종해서 작품 화풍을 바꾸셨네요, 순종하기 어려우셨을 텐데 잘하셨어요." 해야 하지 않나?

어쨌든 그 교회를 나왔다.

그런데 그 교회를 나오고 나서 더욱 이상한 일이 계속 뒤따랐다. 화실 건물 5층에 사는 택시 기사가 퇴근 때 차로 나를 뒤쫓는 것이었다. 2015년부터 그 건물에 있는 화실을 썼는데 2017년부터 갑자기 이상한 태도를 보였다.

'뭐지? 택시 영업은 안 하고 기다리고 있다가 퇴근하는 나를 뒤쫓다니…….'

위험해서 급하게 화실을 거주하는 아파트 단지 상가로 옮겼다. 마음이 안정되어야 그림을 그리니 하찮은 자들 때문에 시간을 뺏길 수 없었다.

그러나 곧 이사한 곳도 추적이 되었다.

범죄자, 택시 기사들이 화실 앞, 뒤에 몇 시간씩 주차하고 있다가 퇴근 때 뒤쫓고 하여 관리실에 신고하고 기사들의 사진을 찍으면 급히 도망갔다. 이젠 편히 그림에 집중할 수 있겠다 할 때 화실 건물의 반듯한 관리소장을 내쫓고 특이한 인물로 바뀌었다.

2022년 여름에 안면이 익은 B 목사 조직의 남자 두 명이 화실이 있는 3층을 유심히 쳐다 보아서 걱정이 되었다. 이후 퇴근 때 흰색 소형차가 불을 다 끄고 내 뒤를 뒤쫓았다. 내가 멈추면 그 차도 멈췄다. 반대편에서 불을 켜고 오는 차 덕분에 얼굴을 볼 수 있었다.

젊은 여자였다(?)

긴 머리에 잠자리 안경을 쓰고 있었다.

오랫동안 비어 있던 옆 사무실이 나가서 실내장식을 하는데 거창하게 했다.

'곧 재개발에 들어갈 건물인데 왜 저렇게 돈을 들이지 더구나 그 돈이면 대로변에 큰 평수도 구할 수 있을 텐데.'

순간 이상한 생각이 들었다. 더 특이한 것은 요란하게 실내장식을 하는데 옆 사무실에 양해의 말도 없고 인사도 안 하는 것이었다.

이 사람들 뭐지?

B 목사 교인들이 와서 새벽 2시까지 실내장식과 간판을 해 주고 교인들은 청소해 주고 쓰레기도 버려 주고 한다.

이 여성의 정체는 무엇인가?

한 달 넘게 시끄럽게 인테리어를 하고 들어온 여성은 불을 다 끄고 뒤쫓던 바로 그 여성이었다.

놀라서 경찰에 신고했더니 0파출소에서 나온 L 경사가 다짜고짜 나를 정신병원에 감금해야 한다고 했다.

이 자는 또 뭐지?

오랜 시간 범죄자들이 뒤쫓아다녀, 경찰에 여러 번 신고해도 나의 신고를 접수도 안 받아 주고 아무 조치도 없더니 ….

강하게 항의하자 L 경사는 그냥 갔다.

다음에 화실에 간 날 필라테스 여성이 나를 신고했나 보다. 그곳을 지나야 내 화실인데 지나갔다고 신고를 한 모양이었다. 역시 0파출소 L 경사가 나와 필라테스 젊은 여성에게 웃으며 90도 머리 숙여 인사를 했다.

내가 은행에 가니 이 경사가 나를 뒤쫓아 와서 앞에 서 있지 않은가?

사진을 여러 차례 찍었다.

비어 있던 옆 사무실까지 들어와 감시하고 차로 뒤쫓고 수년간 밤 9시면 건물 문을 닫던 건물이 필라테스가 오고 나선 엉망이었다.

밤 11시에 마치 권투선수처럼 흰 수건이나 검은 두건을 뒤집어 쓰고 필라테스에서 나오는 남성, 이 자는 또 누구인가?
전 교인이 다 우리 목사님 우리 목사님 하며 교주같이 떠받드는데 호들갑을 안 떨어서 괘씸죄에 걸렸나?
이 정도면 반사회적 성격장애 중증 아닌가?

상가 건물 안의 사람들이 B 목사에게 협조한다.
옆 사무실 태권도 도장에 어느 날 갑자기 초등학교 1, 2학년 남자아이들 7명이 성범죄를 당하는 여성이 범죄자에게 울며 애원하는 소리를 내면서 뛰어다녀서 태권도 관장에게 무어라 한 적이 있었다.
더 어이없는 자는 지하에서 미용실을 하는 여성인데 힘들 때 화실에 와서 울면서 하소연하기도 하고 상담과 기도도 해 주었다.
미용 일을 해서 손이 아프다고 하여 치유기도를 해 주었다. 코로나로 장사가 안 되서 딸 대학 등록금을 걱정하기에 천주교인들 사이에 인기 있는 조각 작품 한 점을 주며 팔아 딸 등록금에 쓰라고 배려해 주었다. 그런데 B 목사 조직에 합류하여 나의 정보를 전달하는 것이었다. 이 미용실 여성은 나를 친척이라고 사기를 치고 다녀서 B 목사 조직에 포섭 대상이 되었나 보다.
B 목사 안에 과연 하나님의 영이 있을까?
나를 온갖 방법으로 방해하여 그림을 못 그리게 하고 목사인 저는 그림을 그려 교회 달력에 자신의 그림을 싣고 참 어이없는 목사였다. 너무 위험해서 화실 건물 벽에 B 목사에게 전화도청, 집단 스토킹을 당하고 있다고 대자보를 붙였다. 관리소장, 태권도 관장이 B 목사 이름에 민감하게 반응했다.

급히 대자보를 뜯어와 악을 쓰는 관리소장, 태권도장, 교회도 안다니는 이들이 B 목사 이름을 어떻게 알지?

이 자들이 나에게 악을 쓰고 봉변을 주면 얼마나 지불되나?

에고, 하나님 힘듭니다.

목사의 내적 치유를 주님께서 하셔야 하지 않습니까?

저뿐이겠습니까?

얼마나 많은 사람을 괴롭히고 있는지 주님께서 더 잘 아십니다.

0000 교회는 거대한 마피아 범죄조직 수준이다.

교인 전화도청, 인터넷 차단, 로그인 방해, 집단 스토킹, 헌금을 범죄에 쏟아부어도 아무도 제지 못하는 교회, 자동차 사고로 위장 살인 지시라도 내린 듯 차로 뒤쫓는 사람들, 범죄에 가담시키기 위해 돈으로 매수, 반듯한 사람은 다른 사람으로 교체하기까지 공작, 무언가 범죄 증거가 포착했다고 판단되면 원격 조정으로 남의 전화 폭파, 개인에게 오는 중요한 일과 병원 문자는 삭제시켜 버렸다. 문자를 읽고 있는데 없어지는 것을 목격하였고 전화번호를 바꾸어도 이사를 하여도 이 교회 마피아 조직은 집요했다.

이 교회 교인들은 담임목사가 범죄를 지시하면 범죄에 맹목적으로 가담했다. 그것을 믿음으로 생각하는 듯했다.

길거리에 다닐 때는 순박한 교인들이 뛰어와서 사진을 찍고 위험하게 도망갔다.

저 사람들 사고 나면 어쩌려고?

열심히 뒤쫓으며 사진을 찍고 문자를 보내고 도망갔다.

내 사진을 찍어 보내면 얼마나 지불되기에 교인들이 저렇게까지 할까?

얼마 전부터는 남자 중학생들이 나를 손가락질하며 낄낄거렸다.

사진을 찍어서 또 무슨 짓을 한 거지?

시간이 지나자 남자들이 나를 손가락질한다?

경찰에서는 사진 조작을 한 것 같으니 그 증거를 나보고 찾아오라고 했다.

TV도 안 보는 내가 어디 악의 소굴에 들어가서 조작된 사진을 찾아 오라고?

지하철을 탔는데 얼굴이 익은 B 목사 교인, 눈이 동그란 50대 남자 교인이 유심히 보더니 몇 정거장 뒤에 건장한 청년 조폭 두 명이 타더니 내 앞에 서서 내가 내릴 곳을 알고 있기나 한듯 미리 내리더니 뒤쫓아 왔다.

"조폭이 뒤쫓아 와요."라고 소리 지르니 모자를 벗고 잠바를 바꾸어 입으며 도망갔다.

하나님!
이 상황을 다 보고 계셨지요.

반듯하게 최선을 다하고 살아온 삶인데 주님께 순종해서 간 교회에 가서 이게 뭡니까?

왜 이 목사가 이렇게 변질한 것입니까?

이 자가 주님의 종입니까?

마귀의 종입니까?

무언가 반듯한 자존심이 있는 교인을 조직적으로 괴롭히면서 희열을 느끼는 사이코패스 중증 아닙니까?

도대체 얼마나 많은 교인을 감시하고 도청하고 뒤쫓고 괴롭히길래 그렇게 다양한 조직이 필요합니까?

교인들이 범죄를 저지르라고 헌금한 것은 아닙니다.

저 말고도 많은 사람이 고통당하고 도리어 숨어서 아무것도 못 하는 상황 아닙니까?

여기저기 비명을 냈다가 소리도 없이 잠잠한데 그들은 죽었습니까?

남편 회사는 주님께서 보살펴 주셨습니다.

남편이 어떤 큰 회사와 거래하려 할 때 주님께서 그 회사가 무너지는 환상을 보여 주셔서 거래를 끊어 남편 회사는 안전했지만, 그 회사와 거래한 다른 회사들은 다 도산했었습니다.

또 어떤 회사 대표님에게는 기도 중 남편 회사와 거래하라고 전해 주시기도 하셨습니다.

경리직원이 회삿돈에 손을 댔을 때 정확히 그 액수도 알려 주시며 보살펴 주시던 남편 회사가 B 목사가 나가라고 한 그 해 2017년에 남편 회사는 도산하여 회사 문을 닫았는데 종로에 있는 회사 사장실에 있던 특이한 오래된 가죽공예 소파가 왜 B 목사 교회 앞 길거리에 있습니까?

또 B 목사 교회에서 책을 내는데 표지에 쓸 그림이 필요하다 하여 제 작가 홈페이지를 알려 주어 필요하면 말하라고 한 적이 있었습니다.

얼마 후 한국인터넷진흥원에서 수없이 전화 이메일이 왔습니다.

아주 강한 악성 앱이 나의 작가 홈페이지에 심겨 있는데 보는 사람들의 금융을 다 훔쳐 갈 수 있는 아주 강한 악성 앱이라고 많은 사람이 피해를 볼 수 있다고 하여 오랜 시간 나의 작가 활동이 담긴 홈페이지를 눈물을 머금고 파기했었습니다.

주님께서 다 아시지요.

또 딸이 운동 다니는 곳에는 비슷한 사람들이 다니는데 새로 들어 온 한 여성이 약간 이상하다고 말을 하였습니다.

그런데 어느 날 그 여성은 딸이 탈의실에서 사진을 찍었다고 경찰에 신고하여 딸과 우리 가족은 경찰차에 실려 특이하게 S 경찰서로 끌려갔었습니다.

딸은 핸드폰을 경찰에 한 달간 맡겨놓았고 아무것도 없다는 확인을 받았지만, 봉변당했고 명예가 훼손되었습니다. 그 신고한 여성이 부들부들 떨면서 다른 남성과 같이 왔습니다. 그 여성이 불쌍해서 그냥 용서해 주었습니다.

누구의 지시를 받고 한 짓입니까?

또 화실 건물 관리 체제가 관리 회사로 바뀌어지고, 얼마 후 제 화실 탕비실 문이 뜯겨져 있었습니다. 봉해 놓은 화실 문짝을 뜯어 그림을 훔치려는 시도까지 있었습니다.

피해는 없었지만 기록을 남기려고 경찰에 신고했습니다. 관리실에 이야기하니 자신들에게 말하지 말라고 언성을 높였습니다.

하나님!

언제까지 모른 척하십니까?

예배와 그림을 그리는 일에만 몰두하며 우아하게 살아왔던 저는 한 명의 스토커가 아닌 완전 범죄조직에 쫓기게 되었는데도 주님께서는 "내가 너에게 범죄자를 볼 수 있는 은사를 주었다."라는 말씀만 하시고 … 공황장애 걸릴까 봐 "희락의 영도 보내 주셨다."라는 말만 하시고 … 기도의 특공대로 보내시고 내던져 버려졌다는 섭섭함과 주님은 변질하여 썩어도 남자만 예뻐하는구나? 하는 생각이 듭니다.

기름 부어 줄 목사가 그렇게 없습니까?

주님은 의외의 대답을 하셨다.

"사람이 없다."

주님은 이 자가 곧 변질할 것을 아시면서 그 교회로 보내시고는 … .

도대체 교회에 범죄조직이 왜 필요한 것입니까?

B 목사 자신을 교주로 떠받들지 않는 사람을 괴롭히라고 주님께서 허락하셨습니까?

도대체 얼마나 많은 교인을 감시하고 도청하고 집단 스토킹하며 괴롭히는 것입니까?

주님에 대한 원망이 쏟아져 나왔다.

주님께서 변질한 B 목사를 더 사랑한다면 할 수 없지!

이제는 교회도 가지 않고 다시는 주님께 순종도 안 하리라 마음먹고 있을 때 주님께서 "상자에 숨지 말라! 삐지지 말아라." 하신다.

"목사도 은퇴하는데 중보기도자도 은퇴시켜 주십시오"

중보기도자는 은퇴가 없나 보다. 죽는 날까지 … .

상은 안 주셔도 하찮은 목사에게 스토킹을 당하게 하십니까?

주님께서는 하나님을 원망하는 것은 큰 죄임을 알려 주신다.

회개를 드릴 수 있게 허락하셨다.

또 울며 회개기도를 드렸다.

"주님을 원망해서 죄송합니다. 회개합니다."

주님도 변질한 목사를 보며 슬퍼하시는 것이 전해졌다.

또 7년간이나 교회조직에 스토킹 당하니 나도 말이 거칠게 나왔다.

주님께서는 집중적으로 지켜 보고 계신다.

어느 날 주님은 "네가 거친 말로 지옥으로 가고 있구나."라고 말씀하셨다.

화들짝 놀랐다.

어떠한 상황에서도 원망하거나 거친 말을 하면 안 되는 것을 알게 하셨다. 주님을 잡으러 온 사람들을 베드로가 귀를 자르자 붙여 주시는 것이 생각났다.

사람도 그럴 수 있을까?

순종하여 갔는데, 온갖 봉변을 당하고 있는 상황에서 원망도 거친 말도 안 할 수 있을까?

그러나 주님은 그런 수준을 원하고 계셨다.

"내가 거룩하니 너희도 거룩하라."

또 울면서 회개기도를 드렸다. 지금도 가끔 B 목사를 비난하는 말이 툭 나올 때 얼른 입을 막고 즉시 회개기도를 드린다.

'아! 주님께 순종해도 삶이 힘들구나.'

"반듯한 욥에게 왜 그렇게 하셨어요?"

하나님 일을 하는 사람들은 마귀의 주요 공격 대상이 된다. 마귀는 하나님의 영광을 나타내지 못하도록 집중해서 막아선다.

특히, 목사는 큰 권세가 있고 영향력이 있으므로 마귀의 집중 공격을 받게 된다. 마귀는 영이기에 그 사람의 약점을 정확히 알고 있다.

"아! 이 사람 열등감이 심하군, 가난해서 고통을 많이 받았군, 권력욕도 있군."

더구나 놀라운 것은 마귀들은 연합하여 일하는 것이다.

하나님에게 큰일을 부여받은 사람들은 큰 마귀들이 연합해서 공격하는 것을 인지하고 긴장하고 살아야 한다. 마귀에게 권한을 줄 일을 하지 말고 단호하게 거부해야 한다.

나에겐 예전 어느 여성 목사님께서 마귀들이 자존심을 건드릴 것이라고 했다. 반듯하게 살고 자존심을 지키고 살았으니 마귀들이 그 부분을 공격한다고 했는데 그 마귀가 목사를 통로로 삼아 공격할 줄은 몰랐다.

그 어떤 사람도 자유로울 수 없다. 자신이 마귀의 표적이 됨을 인식해야 하고 마귀에게 묶이는 죄짓는 일을 단호하게 거부하며 살아가야 한다.

우리는 적지 않은 성공한 목사들이 마귀에게 당하여 패망하는 것을 보았다. 영향력이 큰 목사를 공략하면 수많은 교인까지 지옥에 끌고 갈 수 있기 때문에 집요하다.

간혹 큰 사역을 하던 분들이 울며 회개기도를 하는 것을 보여 주셨는데 이러한 분들은 회복시켜 주시고 중보기도자들에게 기도를 해 주라고 하셨다.

그러나 이미 마귀가 강하게 장악하면 중보기도자들이 어떠한 말을 해도 들리지 않는 것 같았다. 도리어, 중보기도자들이 곤욕에 처하기도 했다.

이 땅에서의 삶은 쉽지 않다. 하늘나라 주님 계시는 곳에 갈 때까지 조심조심하고 아주 작은 잘못이라도 즉각 회개해야 함을 다시 한번 느꼈다.

환상 주심

악인이 왼쪽을 향해 서 있다. 강한 회오리바람이 한 바퀴 돌더니 이 악인의 뒤통수를 강하게 내려친다. 악인의 머리가 앞으로 푹 떨어진다. 보통 환상은 스크린 화면 같이 보여 주시는 경우가 많은데 이 환상은 회오리바람의 강도까지 전해 주셨다.

말씀 주심

[시편 68편 21절]
진실로 하나님이 그의 원수들의 머리를 치시니
죄를 짓고 다니는 자들의 덥수룩한 정수리를 치신다.

환상 주심

까만 생쥐를 보여 주셨다. 내가 놀라서 피하는 모습을 보여 주셨다. 까만 생쥐가 좀 커지고 회색 쥐로 보였다. 회색 쥐 얼굴에 하얀 수염이 길게 나 있고 굉장히 거들먹거렸다. 담요로 싸서 꿈틀거리는 회색 쥐를 죽이는 손이 있다. 쥐가 멧돼지 크기로 커져서 내 앞에 위협적으로 지나갔다. 커다란 작두에 머리부터 꼬리까지 조각조각 잘려 나갔다.

장영주 作 | 위기의 교회 | 10호

"산이 반으로 잘려지고 그 위에 위태롭게 서 있는 교회
환상으로 보여 주신 것을 그림."

제8부

문화 예술을 통하여

1. 그림에 대해서도 순종하기를 원하시다

2009년 특이한 열린 환상을 보여 주셨다.

투명한 사각형의 수족관에 맑은 물이 가득 차 있는데 물 위쪽에 나의 손이 떠 있었다.

"어 … 이거 나의 손인데?"

놀라 나의 손을 찾아보니 새로운 깨끗한 손이 생기며 자라기 시작하더니 새로운 손이 완성되었다.

?

무슨 뜻을 전해 주시려는 것일까?

다른 환상들은 환상을 보여 주시면 금방 알았는데 이 환상으로 무엇을 전하시려는지 알 수가 없어 교회에서 깊은 기도자들을 찾아다니며 무슨 뜻인지 알려 달라고 하였으나 다들 모르겠다고 했다.

무슨 뜻일까?

골똘히 생각해 보아도 모르겠다.

2012년 컨퍼런스에서 산 볼츠 목사님에게 결혼선물을 주고 싶었는데 나서기가 좀 망설여질 때 였다.

산 볼츠 목사님이 "성령님께서 지금 누가 너의 결혼선물을 주고 싶어 하는데 받으라고 하십니다." 하셔서 깜짝 놀랐다. 선물을 전해 주었는데 놀라운 예언을 전해 주셨다. 나의 그림을 보면 사람들의 병이 나아서 병원에서 그림을 주문한다고 하셨다.

그런데 난 기독교인들이 하나님을 팔면서 이상한 짓 하는 것을 정말 싫어했는데 내가 그런 부류에 속해야 한다고요?

기도 노트에만 적어 두고 잊고 있었다.

그런데 2013년 아라아트센터에서 개인전을 앞둔 시기에 주님께서 미국 모라비안에서 열리는 컨퍼런스에 가라고 하셨다.

"딸과 함께 가라. 1,000만 원 쓰지 말고 컨퍼런스 경비로 쓰라."고 하셨다.

"그런데요. 주님, 저는 목사도 아니고 제가 올해 200평 크기의 전시장에서 개인 전이 있는데요?"

주님은 아무 말이 없으셨다.

할 수 없이 순종하여 미국 모라비안으로 갔다.

그 컨퍼런스에서 밥 존스 목사님, 래리 랜돌프 목사님, 챠브다 목사님, 제임스 더함 목사님, 케빈 바스코니 목사님 등 많은 영적 거장 목사님들에게 예상하지도 못한 강한 기름 부음도 받고 여러 예언과 환상에 대해 주님의 뜻을 전해 들었다.

그러나 좀 부담스러웠다.

난 그동안 추상 표현 작품으로 미국, 유럽에서 전시회를 가졌고 한국에서 예술의전당, 세종문화회관에서 개인전도 했으며 작품도 인정받고 안정된 화가인데 이제 하나님 영광을 전하는 그림을 그리라고요.

더구나 한국에서는 하나님 그림을 그리는 화가는 3류 취급을 당하는데 … .

미국 모라비안에서 열린 컨퍼런스에 다녀와서 할 수 없이 미완성 그림을 걸고 전시했다.

콜렉터분들이 "장영주 선생 이제 다운됐군." 하며 말했다.

장영주 화가 이제 끝났다고 하며 말없이 떠났다고 큐레이터에게 전해 들었다.

그러나 세계적인 영적 거장 목사님들에게서 부담스런 예언과 기름 부음으로 온몸에 진동과 팔, 손이 마구 움직이고 처음 느끼는 강한 영적인 터치를 받고 주님의 뜻에 순종해야 한다는 생각이 들기 시작했다.

하나님의 영광을 그리려면 하나님께 더 의지해야겠다는 생각에 화실에 들어서면 기도와 방언기도를 한동안 하고 성경 말씀을 읽고 묵상하다가 통곡하기도 했고 저녁쯤 되어서야 그림을 그리기도 했다.

어느 날 주님께서 다정하게 그림을 그리는 자세에 대해 전해 주셨다. 그리고 보니 화풍을 바꾸었음에도 예전 추상 표현 작품을 할 때의 자세로 그림을 그리고 있어서 더 힘든 것을 알게 되었다. 이후 화실에 도착하면 손에 강한 전류가 흘렀고 하늘을 향해 두 손을 올리고 있을 때 존재를 정확히 알 수 없는 손이 내 손을 터치하면서 손바닥이 용솟음치는 것을 경험하기도 했고 작품을 제작할 때 독특한 기법을 전해 주시기도 했다.

그러나 주님께서는 하나님의 영광을 전하는 작품으로 바꾸었다고 해서 즉각 높은 경지의 작품을 그릴 수 있게 허락하지는 않으셨다. 예언대로 차례차례 높이심을 알게 되었지만, 화가의 자존심 때문에 새로운 작품이 나의 마음에 안 차서 울고 있을 때 주님께서 다정하게 말씀하셨다.

"예전 작품은 우연을 기다려야 했지만 지금 작품이 더 좋지 않니?"

"예, 맞습니다. 다양한 표현 방법으로 그리는 것이 행복합니다."

이후, 댄포즈 목사님께서 한 가지 주제로 그리라 하셔서 사랑을 주제로 그렸고 예수님께 멋진 생일 파티를 해드리고 싶어 12월에 예술의전당에 개인전을 열었다.

그런데 전시회에서 생각하지도 못한 일이 벌어졌다.

큐레이터분이 이렇게 말하는 것이었다.

"선생님, 잠깐 나와 보세요, 사람들이 그림을 보고 울고 있어요. 여러 명이 울어요. 여성, 남성뿐 아니라. 목사님도 울고 계세요. 그리고, 사람들이 화가에게 전할 이야기가 있다고 만나게 해 달래요."

무엇인지 들어 보아야겠다는 생각이 들어 사람들을 만났다.

어떤 분은 자신이 심장이 너무 안 좋아 늘 통증을 항상 느꼈는데, 그림을 보고 있는 중에 갑자기 가슴이 시원해졌다 하고 어떤 이는 자신은 자

장영주 作 | 보혈 | 162.2×130.3cm

살하려고 집을 나섰는데 갑자기 이 전시장에 오게 되어 그림을 보고 있는데 울음이 터져 나와서 걷잡을 수가 없다고 계속 소리를 내어 운다.

이분을 안으로 모셔 기도를 해 주었다.

아이들이 있는데 자신이 왜 그런 생각을 했는지 모르겠다고 한다.

또 한 젊은이는 찢긴 하트 작품 앞에서 한동안 울더니 나를 찾아와서 말했다.

"제가요, 엄마 속을 많이 썩여 드렸는데 집에 가서 엄마에게 용서를 빌 거예요."

어떤 분은 나에게 항의하듯이 심장 작품을 보는데 막 눈물이 나와 미술 작품을 보고 운 적은 처음인데 저 심장 누구 심장이냐고 물어 보았다.

어떤 학생은 또 이렇게 말했다.

"제가 0에 다니는 친구를 데리고 왔는데 저 작품 앞에서 계속 울고 있어요. 선생님 보세요."

어느 분은 자기 집안에 목사·기독교 신자들이 많이 있는데도 자신은 하나님을 믿지 않았는데 그림을 보는 중 '하나님이 진짜 살아 역사하시는구나!' 하며 눈물이 쏟구쳤다고 했다.

많은 사람이 미술작품을 바라보고 울며 성령님의 터치를 받고 감동했다.

나 자신도 그제서야 이해되었다.

"하나님께서는 미술작품을 통하여서도 사람들을 만나 주시고 품어 주시고 치유하시고, 주님께서 말씀하셨던 예언이 이루어지는구나!"

악한 문화를 통해 사람들이 악한 영에 점령당해 지옥으로 가는 것을 보시고 하나님 영광의 르네상스를 다시 일으키겠다는 말씀이 마음 깊이 다시 전해졌다.

앞으로 더 많은 문화 영역의 사람들이 하나님의 글, 영화, 미디어, 그림을 통해 사람들을 하나님 나라로 끌어낼 것이다.

지금 시대는 단지 교회를 통하여서만 하나님을 만나는 것뿐 아니라 하나님의 문화를 통하여서도 하나님을 만나게 하신다.

하나님께서는 하나님께 순종하는 예술가들을 더 필요로 하신다.

기존에 자신이 얻었던 영광을 버리고 하나님께 순종하는 것은 쉽지 않다. 그러나 예수님에 대한 사랑이 있다면 순종하여 하나님의 빛을 전하는 예술가들이 더 많이 일어나시기를 간절히 기도드린다.

주님께서 말씀하셨다.

"너는 선두 주자이다. 앞으로 나의 영광을 전하는 예술가들이 많이 일어날 것이고 내가 그들의 작품과 함께하겠다."

또한, 영적 거장 목사님을 통하여서도 말씀을 전해 주셨다.

밥 존스 목사님

예술가들을 교회 내에서 일으킬 것입니다.

그림은 세대 문화를 넘어 계속해서 반복해서 보입니다.

선지자의 말은 잊혀 질 수 있지만 그림은 그렇지 않습니다.

그 그림이 보여지는 한 같은 메시지를 전할 수 있습니다.

챠브다 목사님

미술가의 작품에 하나님의 모습이 드러난다면 주님의 주권이 이 나라에 임하며 연약한 사람들이 대한민국을 위해 기도하고 나아갈 때입니다.

하나님은 내어 주는 사람을 찾으십니다.

장영주 作 | 지옥에 있는 어린이 | 10호

하이디 베이커 목사님

열매 내시기 바랍니다. 부르심의 장소로 가길 원하십니다. 예술가의 손은 성령, 예술 작품을 보게 될 것입니다.

세계적인 예술가 여러분이 명성을 내려 놓을 때 붓이 주님의 손에 있습니다.

주님이 예술가입니다.

사용할 자를 찾고 계십니다.

승복하십시오.

한 명의 헌신한 사람으로 인하여 하나님의 영광의 빛이 전해질 것입니다.

2. 문화 예술을 통하여 전해지는 것들

은퇴한 미국 영화감독이 가슴을 치며 "내가 젊었을 때 총 쏘는 장면을 미화시켜서 영화를 만든 것을 정말 후회한다. 지금 미국 땅에 이렇게 총기 사고가 나는 것은 나의 책임도 있다."라고 하면서 공개적으로 회개하는 것을 보았다. 젊었을 때 빠른 성공을 위해 좀 더 자극적인 장면을 넣고 싶었고 또 흥행에 성공하고 싶은 욕심으로 그렇게 했겠지만 지금 미국 땅에 어린 학생들까지도 빈번히 일어나는 총기 사고에 괴로워하고 있다.

대중문화, 영화, 미디어는 사람들에게 주는 영향력이 즉각적이고 빠르게 전달된다. 대중음악을 통해 회의적인 사고, 자살에 관한 생각이 여과 없이 전하여지기도 하고 그런 사고도 빈번히 일어나고 있다.

악한 드라마는 사람들의 시간을 죽이고 영혼도 죽이는 대단한 능력이 있다. 문제는 그런 드라마를 보며 흥보면서 자신도 모르게 그러한 가치관에 영향을 받는 데 있다.

예술 분야도 마찬가지인데 뉴욕에 있는 00아트페어였는데 입구의 조형물부터 악한 기운이 뿜어져 나오고 있었다. 얼마 못 가서 머리가 너무 아파서 화가였음에도 그림 관람을 포기하고 돌아섰던 적이 있었다.

뉴욕 모마미술관에서는 리히터의 전시실에 들어서자마자 서늘한 기운이 느껴졌는데 리히터의 작품 중 테러리스트들이 사형당하기 전까지의 모습을 그린 작품 20여 점이 전시되고 있었다.

악한 영이 그 전시실에 있다는 느낌이 들었다.

독일에서도 리히터의 다른 작품을 전시해 달라고 여러 번 요청했는데도 리히터의 테러리스트를 소재로 한 작품이 계속 전시되고 있었다.

뉴욕의 000미술관에서는 공산주의 영이 있는 미술작품이 전시되어 있었는데 아마 중국의 경제력이 높아지니 그 영향력이 있는 듯했다. 그 공산주의 영이 있는 작품을 중국인들이 뉴욕까지 가서 열심히 사고, 팔고 있었고 일반 콜렉터들은 작품 가격이 계속 높아지니 그 작품을 사는 것 같았다.

그 미술관은 입구에 300호의 대형작품을 전시하였는데 그 작품 앞에 서면 즉각 악한 기운이 느껴졌다.

유럽도 심각했다.

독일 유명 미술관 전관에 동성애 부부 미술가들이 자기 삶을 미화시켜 표현한 작품들이 전시되고 있었다. 사람들이 동성애를 이해하고 감싸주어야 한다는 메시지를 전달하고 있었다.

유럽의 비엔날레에서도 동성애 작가의 작품이 눈에 띄게 많이 전시되고 있었고 일본에서도 잡신, 요괴도 예술의 옷을 입고 전시관에 전시되고 있었다.

한국에서 깊은 미술작품을 보았다.

상당히 깊은 심성과 재능이 있는 작가라고 생각되어 소개받았다. 그리고 한참 후 그녀의 스튜디오 하우스에 초대되어 갔을 때 깜짝 놀랐다. 안

방에 그림이 하나 걸려있었는데 그 작품에 "아무리 열심히 해도 평범한 인물일 뿐이다."라는 내용이 적혀 있었다.

나는 물었다.

"선생님 이 그림 언제부터 걸어놓았나요?"

그러자 그녀가 답했다.

"오래되었어요, 15년도 넘은 것 같은데 …."

2층에 올라가니 일본의 요괴 인형, 아시아의 잡신을 형상화한 것, 더구나 한 맺힌 여성의 그림이 걸려있다.

모두 이 아까운 화가가 왜 그림 작업을 안 하고 있는지 안타까워 했는데 사악하고 악한 기운이 넘치는 작품에서 뿜어나오는 악한 기운이 그녀의 재능을 묶어 두고 있었던 것이었다.

물론, 하나님의 사랑, 인류애를 표현한 작품도 많이 있다. 그런데 문제는 그러한 악한 기운이 전달되는 작품들을 언론에서 더욱 부각시킨다는 데 있다.

이러한 상황을 바라볼 때 '안쓰럽지만 어쩔 수 없는 현실이구나. 하나님은 사람들의 문화·예술에는 관여하지 않으시는구나' 하고 생각했다.

그런데 무언가 감지되는 것이 있었다.

하나님께서는 사람들의 악한 문화, 예술 흐름을 방관하지 않으시고 무언가 계획이 있으심이 전해졌다. 하나님께서는 사람들의 악한 문화, 악한 예술을 통하여 사람들이 지옥까지 끌려가는 것을 보시고 새로운 프로젝트를 세우고 계심을 전해 받았다.

이 상황을 영적으로 깊은 목사님을 통하여 일하기 시작하셨다. 어느 목사님에게 이러한 프로젝트를 위해 미국 영화의 본고장인 라스베가스로 가서 영화인들을 도우라 하셔서 그곳에서 활동하는 영화인을 이끌게 하시는 것을 간증을 통해 들었다.

최근의 기독교 영화를 보면서 하나님의 강한 임재를 전해 받았다.

'아! 이미 시작되었구나.'

한국의 기독교 영화를 보면서 '어~ 이런 상황은 나도 경험한 영적인 체험인데' 하고 느꼈다. 자동차 둘레를 무지개가 감싸서 놀란 적이 있었다. 그 영화에 그러한 장면이 있었고 작은 여러 색상의 불빛을 나도 여러 차례 보았는데 기독교 영화에서 같은 장면을 보았다.

성령님께서 한국의 기독교 영화를 인도하심을 알게 되었고 한국의 기독교 문화에 이미 관여하고 인도하고 계심을 알게 되었다.

어느 화가가 나의 전시회에 와서 나도 이제부터 하나님의 영광을 전하는 그림을 그리고 싶다고 하여 반가운 마음에 기도를 해 주었다. 예수님께서는 "내가 예수 그리스도의 예술을 다시 부흥시키겠다."라고 하셨다.

하나님께서 그렇게 말씀하시고 비슷한 시기에 영적인 목사님들의 같은 예언을 했다면 그것은 반드시 이루어진다.

그러면 이 세상이 좀 더 밝은 빛으로 더욱 발할 것이다.

바비코너 목사님!

예술이 흐르는 것을 봅니다. 글, 음악, 그림, 영화, 영상 예술의 모든 분야입니다. 주님께서 예술 분야와 미디어 영역에서 과거에 보지 못했던 새로운 날을 행하실 것입니다.

3. 작가 노트에서

이미 미술작품에 권능과 예언, 치유를 부어 주셨음을 뒤늦게 알게 되었다.

2012년 작 <피어나라>는 한 젊은이가 사고로 꿈에서 밀어져 간 것이 가슴아파 그가 일어서고 다시 피어나기를 간절한 마음으로 염원하며 그린 작품인데 2015년 그 젊은이가 일어나고 꿈을 향해 뛰어가고 있는 모습을 보게 하셨다.

　교회, 사회에서 획일화된 방향성에서 벗어나 각자에게 하나님께서 심어 놓은 재능, DNA에 따라 각각 자신의 길을 걸으며 빛을 내기를 간절히 바라며 그린 2013년 작 <사랑 안에서 너만의 빛을 발하라> 앞에서 관람객들이 한없이 앉아서 눈물을 흘리는 모습을 보게 되었다.
　사람들이 작품을 보면 에너지를 얻고 희망을 다시 갖는다는 말을 그저 인사치례로 듣고 넘겼는데 산볼츠, 캐더린, 로날라 목사님 통해 그림에 권능을 부어 주셨다는 뜻을 이해하게 하셨다.

　하나님! 감사드립니다.
　제가 잘해서가 아니라 주님께서 그냥 은혜로 주셨음을 압니다.
　삼위일체 하나님 발앞에 엎드려
　늘 기도와 찬송을 부르며 살 수 있도록 허락하여 주옵소서.
　주님의 사랑을 듬북 담아 그릴 때 예수님의 한없는 사랑을 부어 주시옵고 작품을 통해 사람들에게 주님의 사랑을 전하게 하여 주옵소서.
　제게 주신 소명과 은혜를 끝까지 겸손하게 지킬 수 있게 기름 부어 주옵소서.
　예수님의 이름으로 간절히 기도드립니다. 아멘.

장영주 作 | 사랑 안에서 너만의 빛을 발하라 | 162.2×260.6cm

내게 능력 주시는 자 안에서 내가 모든 것을 할 수 있느니라
빌립보서 4장 13절

장영주 作 | 하늘의 영광 | 162.2×260.6cm

- 하나님 마지막 날이 겨울, 안식일이 되지 않게 하옵소서.
- 예수의 이름으로 이스라엘에 평화, 평강이 있을지어다.
- 대한민국 경제, 민주 회복되고 세계 제일의 강국이 되었음을 예수 이름으로 선포하노라.
- 악한 영 마귀의 위계질서가 붕괴되고 마귀들에게 분열이 일어나고 마귀들끼리 싸울지어다.
- 예수의 이름으로 대한민국 교회, 목사, 교인에게 회개가 일어나고 대부흥이 일어났음을 선포하노라.
- 예수의 이름으로 한국 교회의 종교다원주의를 단호하게 거부할 지어다.
- 예수의 이름으로 한국의 기독교인이 더욱 깊고 성숙해질지어다.
- 하나님 북한 사람들을 긍휼히 여겨 주옵시고 아사자들이 생기지 않게 하늘에서 맛나, 메추라기를 뿌려 주시기를 기도합니다.